RAPHAËL CARDETTI

LES LARMES DE MACHIAVEL

belfond
12, avenue d'Italie
75013 Paris

Si vous souhaitez recevoir notre catalogue
et être tenu au courant de nos publications,
envoyez vos nom et adresse, en citant ce livre,
aux Éditions Belfond,
12, avenue d'Italie, 75013 Paris.
Et, pour le Canada,
à Vivendi Universal Publishing Services,
1050, bd René-Lévesque-Est,
Bureau 100,
Montréal, Québec, H2L 2L6.

ISBN 2-7144-3967-5

« D'où on tire une règle générale qui jamais ne fait faute : quiconque est cause qu'un autre devienne puissant court à sa ruine. »

Niccolò MACHIAVEL, *Le Prince*

À Agathe

1

Il s'éveilla d'un coup, les yeux grands ouverts. Désorienté, il mit quelques instants à reprendre conscience. Très vite, sa respiration s'apaisa et se fit plus régulière. Le sang affluait de nouveau dans ses doigts engourdis. Il referma les paupières, attendant que les murs cessent de tourner autour de lui. La douleur lancinante qui lui vrillait le crâne commençait à s'atténuer.

Il contracta ses muscles et leur donna une impulsion sèche. Ses membres demeurèrent immobiles. Plus vraiment certain d'être sorti de son rêve, il prit une profonde inspiration et tenta encore de se relever, sans plus de succès. Comme si son cerveau fonctionnait indépendamment de son corps, il passa frénétiquement en revue toutes les hypothèses possibles.

Un masque de stupeur se dessina sur son visage. Par un étrange phénomène de dissociation, il eut une vision très nette de la situation : il était nu, attaché par les poignets et les chevilles à une lourde table de bois massif, le torse maintenu par une large ceinture de cuir. Un étau métallique enserrait sa tête, comprimant douloureusement ses tempes. Il sentait dans sa bouche le goût âcre du rectangle d'acier qui immobilisait sa langue.

La pièce était plongée dans un profond silence. Seule une gouttelette qui s'écoulait du plafond venait rompre régulièrement l'absolue quiétude du lieu. Les rares flambeaux accrochés aux parois donnaient un reflet chaud et apaisant aux mousses verdâtres qui recouvraient les murs. À environ quatre mètres au-dessus de lui, deux ogives soutenaient un blason presque totalement effacé par le temps.

Il se trouvait dans une cave. Ici, personne ne viendrait le chercher.

Il tenta de signaler sa présence en hurlant, mais sa bouche était si fermement entravée qu'il fut incapable d'émettre le moindre son, et sa tentative eut pour seul résultat d'entailler profondément sa langue contre la pièce de métal.

Le sang se mit à couler, d'abord lentement, puis de plus en plus vite. Il essaya de le recracher, mais le mors métallique constituait un barrage insurmontable, et son gosier fut bientôt envahi par le liquide chaud et épais.

Une vague de panique l'envahit quand il commença à étouffer. D'abondantes gouttes de sueur ruisselaient le long de son visage et sur sa poitrine. Il fit un effort désespéré pour se calmer et parvint à déglutir le liquide, soulageant ses poumons au bord de l'asphyxie.

Paradoxalement, cet incident lui rendit toute sa lucidité. Tout cela était ridicule. Qui pouvait bien en vouloir à un peintre aussi anonyme que lui ? La concurrence avait beau être rude à Florence, son talent était loin d'égaler celui des maîtres dont les plus grandes familles s'arrachaient les services. Malgré tous les efforts fournis pour corriger la trajectoire de sa destinée, il se trouvait du côté des médiocres, à qui la fréquentation des muses est interdite à tout jamais.

Il se savait honnête artisan, même s'il déplorait que les hasards de la vie l'eussent empêché d'atteindre l'irréprochable technique de Filippino Lippi ou la force dramatique de Luca Signorelli. Aussi, lorsqu'un marchand au visage rougeaud recourait à ses services, heureux de pouvoir se procurer un portrait correct à si vil prix, sa fierté s'éteignait un peu plus, en même temps que montait en lui l'irrépressible désir de noyer la désolation de son existence dans un bon pichet de chianti.

Il avait fini par se résigner à la modestie de ses dons. Il était assez lucide pour savoir que la peinture ne lui rendrait qu'avec parcimonie tous les sacrifices qu'il avait consentis en son nom. Au moins ne suscitait-il aucune jalousie parmi ses pairs. Noyé dans la masse des figurants, il ne faisait d'ombre à personne et se trouvait bien trop loin de l'avant-scène pour que les lumières de la gloire pussent un jour l'atteindre.

Il vivotait ainsi depuis près de dix ans, s'enfonçant chaque jour davantage dans la léthargie. Mais tout cela était loin désormais. C'était une autre vie et il l'avait déjà presque oubliée.

Tout avait changé à l'instant précis où Piero Adimari avait franchi le seuil de son minuscule atelier enfoui dans un recoin de la Via dei Maestri. La misère des temps avait fait fuir tous les artistes de renom et Adimari, veuf depuis moins d'une semaine, voulait orner le tombeau de sa défunte épouse d'une *Annonciation*. Il avait offert soixante ducats, avec pour seule condition que le tableau fût achevé avant la fin du printemps.

Sans hésiter, le peintre s'était plongé dans son travail avec un bonheur qu'il n'avait plus connu depuis longtemps. Ce fut une véritable renaissance. Il ne vivait que pour achever ce qui serait, il en était chaque jour un peu plus certain, l'aboutissement d'une vie tout entière consacrée à l'art.

Après deux mois et demi d'activité effrénée, il avait presque terminé. L'ange était joufflu à souhait et l'arrière-plan un peu flou, mais l'ensemble était, somme toute, parfaitement convenable.

Il manquait seulement le visage de la Vierge, qu'il avait peint et repeint sans jamais en être satisfait. Il ne parvenait pas à y poser la touche finale, celle qui distingue l'ouvrage bien fait du chef-d'œuvre. Il fallait que sa Madone irradie du tableau, mais il ne savait pas encore comment lui donner vie.

Il essaya de se souvenir de la dernière chose qu'il avait faite. L'image de la Vierge fit irruption dans son esprit. Il avait consacré une bonne heure à retoucher l'un des plis de sa robe. Depuis toujours, il éprouvait les pires difficultés à rendre l'aspect moiré des tissus, mais son fastidieux labeur était presque achevé lorsque tout cela s'était produit.

Le bruit des gouttes s'écrasant sur le plancher, au-dessus de sa tête, avait brisé sa concentration. Comme à son habitude, il avait probablement oublié de fermer la fenêtre de sa chambre, un débarras situé au premier étage, à moins que la violence des rafales n'ait eu raison du loquet rouillé.

Après avoir poussé un long soupir en songeant à l'état de délabrement avancé de sa modeste masure, il s'était résolu à monter les quelques marches branlantes qui le séparaient de l'étage.

L'eau s'engouffrait par la fenêtre grande ouverte.

Quelque chose n'allait pas. D'étranges traces de boue maculaient le sol. Des traces en forme de pas.

Intrigué, il s'était penché pour les observer de plus près et avait reçu un coup violent à la base du crâne. Ses jambes s'étaient dérobées sous lui. Une torpeur presque agréable l'avait envahi.

Un courant frais gonfla soudain ses poumons. La porte s'ouvrit, laissant entrer deux hommes. Il sourit à la perspective de pouvoir enfin relâcher ses muscles tendus à l'extrême, mais son espoir s'évanouit d'un coup lorsqu'il comprit que les inconnus ne venaient pas le délivrer.

Il grogna pour leur rappeler son existence, sans parvenir à provoquer chez eux de réaction visible. Au prix d'un effort désespéré, il parvint à tourner la tête de quelques degrés. Un individu entièrement vêtu de noir s'avançait vers lui. La partie supérieure de son visage, recouverte d'un masque de cuir sombre, ne laissait percer que ses yeux clairs. Il traînait un brasero, au centre duquel se dressaient de longues tiges d'acier.

Toujours muet, le bourreau empoigna une barre de métal incandescente et l'approcha de la poitrine du captif. Les cercles de métal qui l'immobilisaient pénétrèrent sa chair. Sous la pression de l'étau d'acier, la peau de son front céda. Un flot de sang inonda brutalement ses yeux.

Le bourreau attendit que le peintre se fût calmé. Durant d'interminables secondes, il chercha l'endroit idéal, puis se décida enfin pour un point situé à hauteur de la dernière côte, un peu au-dessous du cœur. L'extrémité de la tige s'enfonça dans le ventre de sa victime avec une déconcertante facilité. Une âcre fumée s'échappa de la plaie, tandis qu'une odeur de viande brûlée envahissait la pièce.

Le supplicié manqua défaillir. Cependant, à l'instant précis où il perdait pied, il sentit la tige brûlante glisser hors de lui.

Très vite, il se rendit compte qu'il se trouvait face à un véritable expert de la souffrance. Son tortionnaire était sûrement capable de lui broyer les phalanges, l'une après l'autre, en lui rendant perceptible la douleur de chaque os qui s'émiettait sous la peau. Il n'hésitait jamais, pas plus sur la profondeur des incisions que sur le choix des instruments : petite pince acérée pour déchirer la poitrine ou tenaille large et tranchante pour arracher d'épais morceaux de chair sur les cuisses.

Le sang chaud et poisseux coulait toujours sur son torse et dans sa gorge.

Ayant épuisé tout le matériel dont il disposait, le bourreau contempla d'un air las les instruments qui lui avaient servi à griffer, couper ou briser. Après une brève hésitation, il opta pour un nouveau jeu. Avec un sourire de délectation, il agrippa la lourde vis du cercle d'acier qui comprimait le front de sa victime et commença à la tourner lentement. Le peintre eut soudain l'impression que ses yeux allaient jaillir de leurs orbites. Il savait que ses os ne pourraient supporter plus d'une dizaine de tours de vis. Il pria pour qu'arrivât vite le moment où son crâne céderait enfin.

Il aurait voulu hurler sa rage et sa déception lorsque le tortionnaire s'arrêta juste avant la délivrance finale. Son cerveau semblait perforé de mille aiguilles, mais il était toujours vivant.

Le bourreau se saisit alors d'une masse, la souleva au-dessus de sa victime et l'abattit d'un coup sec. Le craquement effrayant de sa jambe se répercuta de mur en mur. Un instant il espéra que cet incroyable afflux de douleur lui permettrait de ne pas sentir ses autres os de briser. Il souffrit néanmoins comme un damné lorsque le coup suivant déboîta son coude gauche.

Son corps n'était plus qu'un pitoyable amas de chair broyée. Seules la science et la volonté de son tortionnaire le retenaient encore en vie.

La seule chose qu'il pouvait encore souhaiter, c'était d'en finir. Oublier la douleur et retourner dans le néant. Mourir, enfin...

Il se doutait cependant de plus en plus distinctement que ses bourreaux l'avaient amené là où tout allait commencer pour lui.

Un troisième individu pénétra dans la pièce où s'élevait désormais une odeur pestilentielle de chair brûlée et de sang caillé. Les deux bourreaux inclinèrent respectueusement la tête devant le nouveau venu, dont le corps maigre se noyait dans la robe noire et blanche des dominicains, et dont le visage disparaissait sous une large capuche.

Sa voix douce et profonde se répandit comme un souffle chaud.

— Je vois que notre ami est enfin prêt. Vous avez bien œuvré, mes frères, je vous en félicite.

Prenant dans ses mains le visage sanguinolent du peintre, il fit courir son index sur la bouche tordue en une terrifiante grimace, puis glissa sur l'arête du nez, d'où s'échappaient quelques morceaux de cartilage clairs et visqueux.

— Tu trembles, mon fils. Tu as peur, n'est-ce pas ? Oui, je le sens, tu es effrayé.

Le moribond voulut lui dire à quel point il n'était qu'un enfant de putain. Il ne put émettre qu'un grognement rauque.

— Ah ! Raffaello... Tu permets que je t'appelle par ton prénom, n'est-ce pas ? Ne te demandes-tu pas pourquoi tu as subi un tel tourment ?

Le moine inspira profondément. Sa main parcourut le torse ensanglanté de l'homme étendu devant lui. Il observa ses doigts souillés de sang. Le liquide perla doucement sur le sol, puis glissa jusqu'à la flaque noirâtre qui avait coulé de la table. À la lueur des bougies, cette image lui parut très belle.

Il prit le temps de la contempler avant de reprendre doucement :

— Tu as souffert de manière inhumaine, Raffaello, je le reconnais bien volontiers. Nous devions te torturer ; il ne pouvait en être autrement. Cela ne dépendait pas de moi, ni de toi, ni de ces bourreaux. Bien sûr, peut-être pourrions-nous encore tirer de toi quelques gémissements intéressants, mais rien que nous n'ayons déjà entendu ce soir.

Raffaello Del Garbo sentit qu'on dénouait la cordelette de cuir qui retenait son bâillon d'acier.

— Si tu réponds à ma question, je t'accorde la seule chose que tu puisses encore désirer : une mort rapide. Bien entendu, si tu refuses, nous te ferons découvrir encore au moins dix manières de faire affreusement souffrir son prochain. Qu'en penses-tu, mon ami, sommes-nous d'accord ?

Les bourreaux avaient accompli leur tâche à la perfection. Il n'en pouvait plus. Il voulait que cela cesse et se moquait totalement du reste. Il eut seulement la force de prononcer un oui presque inaudible.

— Bien, reprit le moine. Voici ma question : où l'as-tu cachée, Raffaello ? Je sais qu'ils te l'ont confiée.

Del Garbo ne put masquer sa surprise.

— Comment ? articula-t-il péniblement.

— Réponds ! ordonna le moine. Où ?

— Pourquoi ? Ça n'en valait pas la peine…

— Bien sûr que si ! rétorqua le moine, excédé. Tu aurais sans doute parlé sans toutes ces souffrances. Mais le sens de nos actes n'a pas toujours de lien direct avec l'apparence que nous souhaitons leur donner. Le fond et la forme, Raffaello, tout est là.

Le moine contemplait sans émotion visible les terribles convulsions qui tordaient le visage de sa victime.

— Tu es un artiste, mon fils. Tu n'ignores donc pas combien la façade des choses peut être trompeuse. Car derrière la beauté parfaite d'une toile se cachent souvent l'horreur la plus sordide et la plus insoutenable violence. La faute en revient à nos semblables et à leur confondante naïveté. Si leur regard n'était pas à ce point attiré par l'éclat du sang qui perle des blessures de l'agneau innocent, ils pourraient distinguer à l'arrière-plan la face cruelle du sacrificateur.

Il accompagna ses mots d'un hochement de tête, comme pour souligner le mépris que lui inspirait l'humanité.

— Montrer pour mieux dissimuler, masquer pour mieux dévoiler, l'art naît d'un bien étonnant paradoxe ! Si simple et d'une si monstrueuse efficacité… Je veux les confronter à leurs pires démons, tous ces imbéciles, et voir s'ils parviennent à comprendre ce que cachent les images que je vais leur offrir. Il t'est sans doute impossible de mesurer l'importance de mon projet, Raffaello. Dis-toi cependant que tu es l'un des éléments centraux d'une œuvre magistrale.

Le moine sortit de sous sa robe un crucifix de bois incrusté d'ivoire. Il caressa doucement la tête du Christ et l'entoura de ses doigts, tandis que son autre main se resserrait sur le corps du Sauveur. Un frisson intense, presque sensuel, parcourut sa nuque.

Il écarta les mains et la lame d'un stylet brilla à la lueur des flambeaux. Il fit glisser la pointe d'acier sur la poitrine de Raffaello Del Garbo, lui arrachant des plaintes chaque fois qu'il s'attardait sur une plaie ouverte.

— La douleur est un phénomène bien étrange, n'est-ce pas ? Tu aurais dû mourir cent fois, mais nous ne l'avons pas voulu et ta souffrance n'a fait que croître. J'ai moi aussi connu la torture, il y a bien longtemps. Comme toi, j'ai souhaité mourir et j'en porte encore les traces au plus profond de ma chair. J'ai retiré de cette intolérable peine une force nouvelle. Avec le temps, j'ai appris à la dominer, à la maîtriser, et même à l'aimer. C'est maintenant avec délectation que je m'y plonge à nouveau lorsque je me sens proche d'abandonner la mission que m'a confiée le Seigneur.

Le moine interrompit le mouvement de son instrument. Un rayon lumineux pénétra sous la sombre capuche, éclairant fugacement un rictus pervers.

— Je n'ose te parler du bonheur que j'éprouvais lorsque, plus jeune, je creusais dans mes paumes les stigmates de la passion de notre Sauveur. Je regrette de ne plus pouvoir marquer mon amour divin de manière aussi visible. Mon plaisir passe désormais par des formes plus discrètes.

L'exaltation gagna son corps tout entier. Sa voix se fit plus enfiévrée encore.

— Savoir que le Seigneur m'observe et voit combien je souffre pour expier les péchés du monde est une consolation qui vaut la plus grande des jouissances. Je vois bien que tu souffres, mon pauvre Raffaello, alors que je m'attarde et que je déblatère... Finissons-en rapidement !

La lame remonta le long de la gorge, s'attarda sur l'artère jugulaire qui frémissait sous la peau, puis dessina une trace sanglante sur la joue. Del Garbo hurla de toutes les forces qui lui restaient lorsqu'elle traversa son œil gauche. Il s'évanouit avant même que le stylet ne pénètre la seconde orbite.

Un soubresaut traversa néanmoins son corps quand l'un des bourreaux lui versa un pichet d'eau glacée sur le visage.

— Alors, Raffaello, reprit le moine de sa voix suave, où l'as-tu dissimulée ? Nous avons fouillé en vain ton atelier. Dis-le-moi, et cette lame sacrée t'enverra loin de ce monde.

Del Garbo se sentait si près de la mort qu'il ne voulait à aucun prix manquer cette occasion de rejoindre la paix.

— Le livre..., murmura-t-il après quelques secondes d'hésitation.

— Dans un livre ? Lequel ?

— Dante.

— Très bien, mais il manque encore un renseignement, Raffaello, n'est-ce pas ?

— Bibliothèque... Médicis...

Sa voix se brisa en un sanglot. Le moine l'observa encore un instant puis prononça enfin les mots que Del Garbo attendait depuis une éternité.

— Merci, Raffaello. Tu en as fini avec cette vie de souffrance. Repose en paix, mon fils.

Au moment précis où la lame s'enfonçait entre ses côtes et transperçait son cœur, Raffaello Del Garbo eut un ultime éclair de conscience : la Vierge qu'il n'avait jamais été capable de peindre s'imposa à lui en une vision fulgurante, de la teinte délicate du visage aux savants reflets qu'il aurait aimé donner à ses vêtements.

Des larmes de sang se mirent à couler de ses orbites vides.

2

Ruberto Malatesta fut le premier averti de la nouvelle. Les cloches de l'église Santa Croce sonnèrent tierce à l'instant précis où il sortit de chez lui. Il ne s'attendait pas au froid qui le cueillit brutalement et le fit frissonner, malgré la lourde cape qu'il avait pris soin de passer par-dessus son pourpoint. Le printemps avait décidément bien du mal à percer en ce mois d'avril 1498.

Pressé d'arriver à destination, il hâta le pas. Il passa devant le marché couvert et fut surpris de le voir à ce point désolé. Peu de Florentins avaient eu le courage d'affronter la pluie fine qui tombait sans interruption sur la ville depuis près d'une semaine.

Un temps aussi désolant que l'état des caisses de la république, songea Malatesta en traversant les allées dépeuplées. Il contempla les étals presque vides. Quelques miches de mauvais pain alternaient avec des bottes de carottes défraîchies et de maigres oignons. Tout cela donnait un aspect misérable au lieu qui, quelques années auparavant, flamboyait de couleurs, noyé sous l'abondance des produits venus des riches campagnes environnantes.

La situation avait bien changé. Dix ans de guerre avaient fait de l'Italie un vaste champ de ruines. Livrée aux hordes de mercenaires désœuvrés qui erraient dans la région, la Toscane voyait ses récoltes pillées avant même d'avoir été moissonnées.

Autrefois si fière de pouvoir exporter son vin et ses céréales dans toute la péninsule en échange des meilleurs brocarts ou des plus fines soieries, Florence souffrait désormais autant que ses rivales. Faute d'argent, les façades des palais menaçaient ruine. Les artistes dont les noms résonnaient autrefois glorieusement dans toute l'Europe s'étaient exilés sous des cieux plus cléments.

Le pire était sans doute que l'arrogante cité florentine perdait chaque jour de son autorité sur ses propres sujets. Deux mois plus tôt, au tout début de l'année, Pise s'était rebellée et le gouvernement se montrait incapable de reprendre la ville, dont le seul nom suffisait à faire blêmir les plus hauts dignitaires de la république.

La peste de la rébellion s'étendait inexorablement ; galvanisées par l'exemple pisan, presque toutes les places fortes de Toscane, d'Arezzo à Pietrasanta, semblaient prêtes à se soulever les unes après les autres, n'attendant qu'un signe de faiblesse du pouvoir central pour briser les entraves qui les liaient à leur cité mère. Si Pise n'était pas rapidement reprise, les autres citadelles suivraient son exemple et c'en serait alors fini de la puissance florentine.

Malatesta ruminait encore ces sombres pensées lorsqu'il parvint devant l'imposante porte du palais de la famille Soderini. Ce n'était sans doute pas le plus bel édifice de Florence, mais l'ample façade dessinée par l'architecte Ghiberti lui conférait un aspect assez solennel pour faire comprendre à tous les passants la puissance de ceux qui l'avaient fait édifier vingt-deux ans plus tôt.

Comme chaque jour, le portier l'accueillit chaleureusement. La mine sombre de Malatesta le convainquit cependant de tenir son rôle avec plus de sobriété. Un second domestique mena le visiteur dans une vaste antichambre ornée des portraits des membres les plus éminents de la famille Soderini, puis le fit entrer dans un cabinet faiblement éclairé. Seule une petite bougie, posée sur une console au milieu de la pièce, soutenait la lumière naissante de l'aube. Le mercenaire ne sut pas tout de suite d'où venait la voix qui s'éleva dans la pénombre.

— Entre, Ruberto, approche-toi.

Malatesta aperçut enfin Piero Soderini, assis dans un fauteuil face à la bibliothèque. Son visage maigre et fatigué reposait sur son menton, comme s'il était endormi. Ses cheveux blancs, coupés très court, donnaient à ses traits une sévérité glaciale. Les yeux clos, il se tenait parfaitement immobile. Seule sa poitrine se relevait et s'abaissait au rythme de sa respiration. Bien qu'il n'eût guère plus de cinquante-cinq ans, ses mains étaient aussi racornies que celles d'un vieillard. Ses doigts osseux serraient un paquet posé sur ses genoux.

Engoncé dans un pourpoint de velours qui faisait ressortir ses muscles saillants, Malatesta s'approcha et le salua d'une brève inclinaison de buste.

— Excellence..., osa-t-il.

Le gonfalonier lui intima le silence d'un geste rapide la main.

— Attends un peu, s'il te plaît. Accorde-moi une ultime minute de quiétude avant que les affres de la politique ne me rejoignent.

Son ton était las, mais autoritaire. Malatesta n'insista pas.

— Regarde plutôt ce que j'ai reçu ce matin. Voilà près de dix jours que je l'attendais. Laisse-moi jouir quelque peu de cet instant. Tu n'ignores pas combien ma vie a été pauvre de plaisirs ces derniers mois.

— Je le sais, Excellence.

Ruberto Malatesta servait d'homme de main au gonfalonier depuis près de trois ans. C'était un homme dur, qui avait parcouru l'Italie de long en large et avait réchappé à près d'un quart de siècle de combats, ce qui témoignait autant d'une indéniable capacité de survie que d'un talent certain pour tuer son prochain. Du reste sa réputation de férocité était sans doute l'unique raison pour laquelle le gonfalonier n'avait encore été la cible d'aucun attentat. Aussi gratifiait-il Malatesta d'un salaire suffisant pour lui éviter toute tentation extérieure.

Soderini se leva péniblement et s'avança vers la table où brillait le lumignon. Serrant le paquet contre sa poitrine comme s'il s'était agi d'une relique du Christ, il le posa avec précaution sur la petite console d'ivoire et fit courir ses doigts sur l'enveloppe de cuir qui le protégeait.

Son visage se contracta. Il aimait par-dessus tout cet instant de tension et d'attente qui précède le dévoilement. C'était pour lui le meilleur moment, celui où toutes les éventualités étaient possibles et où la triste figure de la réalité n'avait pas encore tué le désir. C'était comme dévêtir un corps avec lenteur, vêtement après vêtement, avant d'en jouir, mais à la différence essentielle qu'il n'avait à se préoccuper, dans le cas présent, que de son propre plaisir. En ces temps troublés, il considérait que c'était déjà bien assez.

Ses gestes se firent de plus en plus lents et précis,

jusqu'à ce qu'il puisse enfin contempler le portrait de Maddalena Ginori sculpté par Luca Della Robbia seize ans auparavant. La beauté de la femme était rendue plus évidente encore par la fine couche de faïence blanche dont l'artiste avait revêtu le modèle originel de terre cuite.

Pénétré d'un intense sentiment d'exaltation, Soderini prit le temps d'observer l'ovale du visage finement dessiné par le sculpteur au sommet de son art. Il s'attarda sur le regard de la jeune femme, fasciné par l'éclat transparent de ses yeux.

Dans cet état proche de la béatitude qu'il éprouvait seulement face à d'incontestables chefs-d'œuvre de l'art florentin, il sentit une onde de jouissance monter le long de sa colonne vertébrale. Il pencha la tête en arrière, puis la fit basculer sur le côté avec lenteur. Ses articulations se réajustèrent dans un craquement sec. Sa satisfaction grandit encore lorsqu'il se remémora avec quelle facilité Paolo de' Pazzi avait accepté d'échanger la sculpture contre deux misérables pièces de soie.

— Quel imbécile ! s'entendit-il prononcer dans le silence feutré du luxueux salon.

Paolo de' Pazzi n'y connaîtrait décidément jamais rien en matière de beauté, tandis que Piero Soderini lui avait consacré son existence. Une vie entière de recherche, une véritable quête jamais achevée, aimait-il à penser. Son Graal personnel. À cette différence près, toutefois, que dans son histoire la reine Guenièvre avait été remplacée dans le lit d'Arthur par Lancelot. Car la spécialité du gonfalonier était la plastique masculine, domaine dans lequel son goût exercé avait atteint une sorte de perfection. Rien ne lui plaisait tant, en effet, que de tenir entre ses bras le corps délicat d'un damoiseau tout juste sorti de l'adolescence ou bien celui, plus solidement charpenté, d'un homme déjà mûr.

Quant à la beauté féminine, il ne parvenait à l'apprécier que figée par le pinceau du peintre ou par le ciseau du sculpteur. Cela lui évitait d'entendre les geignements et autres lamentations qui, selon lui, accompagnaient la coexistence avec une épouse. Sans parler des enfants bruyants et sans doute puants (il n'en avait pas approché depuis trop longtemps pour s'en souvenir) qui allaient nécessairement de pair.

À regret, Piero Soderini détacha son regard du visage de Maddalena Ginori et le dirigea vers son homme de confiance. La lueur de félicité qui avait illuminé ses yeux disparut d'un coup. Il retrouva son air morne habituel.

— Eh bien, Malatesta, que me vaut ta visite à cette heure indue ?

Le mercenaire hésita, puis répondit d'une voix mal assurée :

— Excellence, je pense que vous devriez m'accompagner chez Corbinelli. Mes hommes nous y attendent déjà.

— Pourquoi ? Que se passe-t-il de si important ?

— On a trouvé quelque chose de... d'inattendu, disons, dans l'Arno.

Le gonfalonier lut sur le visage du mercenaire, d'ordinaire impassible, qu'un événement grave avait eu lieu. Se résignant à quitter le confort de son palais, il s'enveloppa du manteau azur à liséré d'or qui symbolisait la fonction la plus élevée de la cité, et s'enfonça en frissonnant dans la matinée grise et humide.

D'un pas rapide, les deux hommes traversèrent le Ponte Vecchio et franchirent l'Arno, puis marchèrent jusqu'à l'Ospedale della Misericordia. Ils s'engagèrent enfin dans un étroit passage qui venait se jeter contre le mur d'enceinte de la ville. Girolamo Corbinelli, le médecin personnel du gonfalonier, habitait une sombre bâtisse située tout au bout de la ruelle. Devant la petite porte d'entrée, trois soldats s'inclinèrent en silence à leur passage.

Malatesta empoigna le lourd heurtoir de bronze qui, en accord avec l'humour très particulier du médecin, représentait un crâne sculpté avec force détails, et le cogna deux fois contre le bois. L'écho assourdi résonna quelques instants, puis la porte s'ouvrit, laissant apparaître Deogratias, le serviteur du médecin. Les visiteurs ne purent s'empêcher de frémir à la vue de cette étrange créature.

Les proportions de ses membres semblaient avoir été doublées par rapport à l'étalon communément choisi par le Seigneur pour modeler l'espèce humaine. Son visage déroutait les lois de la nature tant un facétieux hasard en avait mêlé les divers éléments en ordre épars. Depuis sa naissance, les mères de famille, en l'apercevant, ne pouvaient s'empêcher de remercier le Seigneur pour les enfants qu'Il leur avait offerts en lieu et place d'une telle monstruosité. Voilà d'où Deogratias tirait son surnom.

Seule sa mère, à qui il rendait parfois visite dans son petit village de Montemurlo, l'appelait encore Angelo, prénom choisi pour marquer son indéfectible amour à la misérable créature qu'elle avait engendrée. Lui, de son côté, vouait à la vieille femme une tendresse qui, en se reflétant dans ses yeux, les éclairait d'une lumière particulière et lui rendait un aspect presque humain.

Quant à son père, il était mort plus de dix ans auparavant sous le poids de la honte d'avoir donné la vie à ce fils si différent. Il avait fini par s'éteindre, rongé par le sentiment de culpabilité de n'avoir pas été capable d'aimer son unique enfant autant qu'il aurait dû. Deogratias ne lui avait pas pardonné. Il s'était contenté de l'ignorer, puis de l'oublier.

Il avait par la suite trouvé en la personne de Girolamo Corbinelli un père attentif et aimant, capable d'apaiser les sentiments exacerbés que son handicap avait fait naître en lui. Après lui avoir enseigné les rudiments de l'écriture, le médecin l'avait autorisé à puiser à volonté dans sa bibliothèque, si bien que Deogratias en savait plus sur les mystères du corps humain que la plupart des chirurgiens qui hantaient les riches demeures de la cité. Pour ces multiples raisons, il vouait à Corbinelli une fidélité presque animale.

Deogratias salua les deux hommes d'un bref haussement de son menton large et carré. Il les guida jusqu'à la bibliothèque et souleva une tenture, derrière laquelle était dissimulée une ouverture.

— Vous êtes attendus dans la cave, dit-il de sa voix étrange, rendue dissonante par les nombreux détours que devait effectuer l'air avant d'être expulsé.

— Je te remercie, répondit Soderini. Je ne vois pas Marco, où est-il ?

— En bas, avec le maître.

Sans prendre la peine d'ajouter quoi que ce soit, Deogratias ouvrit la porte, faisant ainsi comprendre au gonfalonier que sa conversation ne l'intéressait aucunement. Son physique disgracieux le tenait éloigné de tout rapport social depuis trop longtemps pour qu'il accordât le moindre intérêt aux civilités d'usage.

Un peu dépité, Soderini se tourna vers Malatesta et lui fit signe de s'engager le premier dans l'escalier. Le mercenaire s'avança prudemment, aidé par la vague lueur qu'il discernait quelques mètres plus bas. Le gonfalonier le suivit et commença à descendre en s'appuyant sur le mur rugueux. En dépit de ses précautions, il posa le pied sur une marche recouverte d'une épaisse couche de salpêtre, perdit prise et manqua tomber. Il parvint cependant à se retenir à l'épaule du mercenaire et en profita pour enfoncer profondément ses doigts dans le muscle ferme et travaillé de son homme de main.

Un peu plus loin, il fut gagné par une irrépressible envie de retenter l'expérience sur une zone plus charnue du corps de Malatesta. Faisant mine de glisser à nouveau, il appuya sa main sur le bas du dos du mercenaire. Dès qu'il sentit la pression exercée par les doigts du vieil homme, ce dernier bascula brusquement son bassin. Emporté par son élan, le gonfalonier s'étala cette fois de tout son long. Retenant à grand-peine un cri de douleur, il se releva aussi dignement que les circonstances le permettaient, puis reprit son cheminement en se massant l'arrière-train.

Ils parvinrent enfin dans le laboratoire du médecin, une pièce étroite, éclairée par un grand nombre de flambeaux. En son centre se trouvait la table de marbre que Corbinelli utilisait pour ses opérations.

Le médecin vouait en effet une passion à la connaissance du corps humain. Il s'exerçait à l'art de la dissection aussi souvent que les événements lui donnaient la possibilité de mettre la main sur un corps fraîchement déterré du cimetière. L'Église condamnait sévèrement cette pratique, au nom de conceptions morales que Corbinelli, en accord avec la plupart des autres représentants de l'élite médicale européenne, jugeait périmées depuis longtemps. La torture, puis la mort au terme d'un procès expéditif étaient la punition courante pour ceux qui tentaient de percer les secrets de la vie.

Conscient des risques encourus, Corbinelli s'était constitué un réseau d'approvisionnement efficace et discret, composé de Deogratias et de Marco, un gamin abandonné qu'il avait recueilli encore nourrisson, une douzaine d'années plus tôt.

Les rôles étaient ainsi distribués : Marco faisait le tour des hospices, dressait la liste des miséreux en train d'agoniser et venait en avertir Deogratias. Celui-ci n'avait plus qu'à se rendre le soir venu dans les cimetières attenants aux hospices et à déterrer les corps que personne n'était venu réclamer. Son fardeau soigneusement empaqueté sur le dos, il lui suffisait alors de rentrer sans se faire surprendre par le guet.

Les voisins soupçonnaient bien entendu Corbinelli de se livrer à des activités peu licites. Ils évitaient de passer devant chez lui, pensant que les fumées noires qui, été comme hiver, s'échappaient de sa cheminée étaient liées à de mystérieuses recherches alchimiques. Personne n'aurait osé imaginer que ces exhalaisons nauséabondes provenaient en réalité de la combustion des cadavres étudiés par le médecin.

Pour sa part, Corbinelli se satisfaisait pleinement de cet isolement. Il ne recevait personne, à l'exception du gonfalonier, et se contentait du salaire que lui versait la république pour prix de ses services. Soderini, qui n'ignorait rien des turpitudes auxquelles il se livrait, l'avait enrôlé sur les conseils de Malatesta, pour le cas où certaines questions nécessiteraient les conseils d'un médecin peu regardant en matière de morale.

Corbinelli avait donc été chargé de régler quelques affaires délicates et s'était acquitté avec brio des missions qu'on lui avait confiées. Ainsi, nul n'avait jamais soupçonné que la mort de Fabrizio Colonna, coupable d'avoir voulu informer la cité des pratiques sexuelles du gonfalonier, était due à quelques gouttes d'un délicat poison, dont les effets étaient semblables à ceux d'une attaque cardiaque. La cause réelle avait été d'autant plus facile à dissimuler que Corbinelli, en son titre de médecin officiel de la république, avait lui-même signé l'acte de décès avec une célérité digne de louange.

Face à la table se tenait la silhouette élancée de Girolamo Corbinelli, entièrement vêtu de noir, un épais tablier de cuir noué sur la poitrine. À ses côtés s'affairait Marco, son assistant en pareille circonstance. Le jeune garçon était occupé à rassembler des linges propres sur un petit plateau. Par terre reposait une bassine emplie d'eau, dans laquelle trempaient des pinces et des lames. Encore ruisselant de l'eau du fleuve, un long paquet recouvert de toile était posé sur la table.

— Voilà ce que mes hommes ont repêché ce matin, fit Malatesta. Je l'ai fait porter ici discrètement. Vous devriez y jeter un coup d'œil, Excellence.

— Montre-moi ce dont il s'agit, articula sèchement Piero Soderini.

Le mercenaire s'approcha lentement du paquet humide. Une odeur répugnante s'en échappa, au point que le gonfalonier dut plaquer un pan de son manteau sur son nez et sa bouche. On eût dit que les effluves pestilentiels qui planaient en permanence au-dessus du quartier des tanneurs étaient concentrés dans ce simple sac de toile.

Soderini aperçut d'abord ce qui ressemblait à une main humaine, dont les doigts, dépourvus d'ongles, étaient étrangement aplatis. Les replis du tissu qu'il tenait devant ses lèvres étouffèrent son cri d'horreur.

L'image se faisait de plus en plus distincte au fur et à mesure que son esprit parvenait à accepter la réalité de ce qu'il avait face à lui. Il distinguait désormais un torse humain, dépecé au point que les côtes apparaissaient, luisantes, sous quelques vagues morceaux de chair. Le ventre avait été ouvert et les viscères arrachés.

Soderini chercha à reconnaître ce qui avait été un visage, réduit à un informe mélange de cartilage et de sang, sans yeux, ni nez. Les jambes, brisées en plusieurs points, laissaient paraître les os saillants.

Plus le regard de Soderini s'attardait sur cette charogne et moins il parvenait à l'en détacher. Il était comme fasciné par ce spectacle infiniment plus horrible que tout ce qu'il avait pu observer au cours d'une existence pourtant bien remplie. Des morts, il en avait vu beaucoup, écrasés par des chariots, piétinés par des chevaux, gonflés et verdâtres à force d'avoir séjourné dans l'eau. Il avait même fini par se considérer comme un témoin privilégié de l'inventivité que déploie la Faucheuse lorsqu'il s'agit d'accomplir sa sinistre besogne. Jamais, cependant, il n'avait contemplé pareille abomination.

Une image, qu'il pensait oubliée, lui revint subitement en mémoire. Lorsqu'il avait été nommé commissaire du camp florentin lors du siège de Città di Castello, en 1489, il avait assisté aux assauts successifs contre les solides remparts de la ville. Il ne s'agissait pour lui que d'une pièce de théâtre, dont le dénouement ne faisait aucun doute. Ces gesticulations grotesques lui rappelaient avec bonheur celles de la commedia dell'arte. Le capitaine jouait son rôle à merveille, hurlant ses ordres et vilipendant ses officiers. La piétaille se lançait à l'assaut avec

vaillance et n'hésitait pas à mourir en nombre suffisant pour que les spectateurs ne s'ennuient pas.

Tranquillement assis à l'ombre d'un auvent, un verre de vin bien frais à la main, Soderini regardait les combattants se jeter les uns sur les autres dans une confusion des plus distrayantes, commentant avec ses compagnons la précision de certains coups d'épée ou la grâce des plongeons auxquels s'adonnaient les soldats du haut des murailles. Il riait encore des déboires de cet arquebusier ennemi qui, au moment de recharger son arme, avait été décapité par un boulet, quand apparurent deux mercenaires gascons soutenant un de leurs compagnons.

Soderini s'était approché du blessé, abandonné devant la tente du chirurgien. Il n'avait nulle intention de lui apporter son aide. Il souhaitait seulement apercevoir l'âme du soldat s'échapper de son enveloppe charnelle pour gagner le lieu du repos éternel. Pour un homme de guerre, ce serait sans doute l'enfer ou, dans le meilleur des cas, le purgatoire, s'il s'était contenté de trucider et d'étriper sans fioritures, laissant à d'autres le soin de torturer les enfants et de violer les jouvencelles.

C'était l'époque révolue où Piero Soderini était encore avide de savoir. Ce qu'il avait vu alors avait définitivement éteint en lui toute velléité de connaissance métaphysique.

Le mercenaire avait reçu sur le corps le contenu d'une marmite d'huile bouillante, puis avait chuté lourdement sur le sol. Sa tête semblait avoir fondu sous l'effet de la chaleur. Seules subsistaient quelques mèches de cheveux carbonisés, seulement retenues au crâne par des lambeaux de chair sanguinolents. Ses joues se consumaient encore et exhalaient une odeur infâme, plus âcre que celle d'un cadavre en décomposition.

Soudain, le râle qui s'échappait de sa bouche tordue s'était tu. Le soir même, l'émissaire florentin avait regagné Florence à toute bride. Incapable de chasser de son esprit les traits affreusement déformés du blessé, il s'était soûlé jusqu'à vomir toute la bile de son corps.

La vision de ce jour-là était pourtant bien loin d'égaler en horreur ce qu'il avait sous les yeux.

— Oh, Seigneur, quelle monstruosité ! eut-il juste le temps d'articuler avant de vomir.

Le gonfalonier se releva au bout de deux ou trois minutes, livide. Un long filet de bile coulait du coin de sa bouche. Son regard était aussi vitreux que celui de qui a vu Belzébuth en personne et sait que cette image terrifiante s'imprimera dans son esprit chaque fois qu'il fermera les yeux.

Ce ne pouvait être que l'œuvre du diable. Un sentiment de rage le submergea.

— Que lui est-il arrivé ? murmura-t-il en fixant longuement chacun des hommes qui l'entouraient.

Corbinelli se chargea de répondre à sa question.

— On a découpé tout ce qui pouvait l'être, des parties génitales aux seins, en passant par la langue et les oreilles. La plupart des os sont brisés et la peau a été presque entièrement enlevée. Sans parler des yeux crevés et des dents arrachées. Alors qu'il était encore vivant, bien entendu.

— As-tu idée de qui il s'agit ?

— Je doute que nous parvenions à l'identifier. Au premier abord, je ne savais même pas s'il s'agissait d'un homme ou d'une femme.

— Mais pourquoi lui a-t-on fait subir de telles

atrocités ? Tu penses qu'on a voulu lui faire avouer quelque chose ?

— Aucune information ne justifie de telles souffrances. Le dixième de ce qu'il a subi aurait suffi à faire renier sa religion à n'importe qui. La seule raison que je vois pour l'instant, c'est le plaisir.

Un long silence vint souligner les paroles du médecin.

— Et combien de temps est-il resté dans l'eau selon toi, Girolamo ?

— Difficile à dire... Une journée, peut-être deux.

Pour la première fois, la voix de Malatesta s'éleva dans la lourde moiteur de la cave :

— Quelle que soit la cause de ces tortures, il y a quelque chose que je ne m'explique pas. Pourquoi le cadavre a-t-il été abandonné ainsi ? Il n'était même pas lesté et flottait tranquillement sur le fleuve ! Il aurait été plus prudent de l'enterrer quelque part ou de le jeter au fond d'un puits.

— Et s'il avait été laissé là dans le seul but que quelqu'un le retrouve ? Cela expliquerait qu'on lui ait donné cette apparence si spectaculaire.

— Arrête de dire n'importe quoi, Corbinelli ! Quel tueur laisserait traîner une telle preuve de son crime ?

— L'assassin veut que nous sachions qu'il existe, voilà tout.

Le mercenaire ne put retenir plus longtemps la sourde irritation qui n'avait cessé de croître en lui depuis qu'il avait posé le pied sur le sol de la cave. Sa main s'écrasa contre le marbre de la table.

— J'en ai assez entendu ! Tes compétences s'arrêtent au seuil de cette pièce. Le reste ne regarde que moi, alors laisse-moi m'occuper de cette enquête et retourne à tes livres. On n'a jamais vu d'assassin fournir lui-même des indices sur son crime !

Les deux hommes s'affrontèrent du regard durant de longues secondes. S'ils n'avaient jamais éprouvé l'un pour l'autre quelque affection ou amitié que ce fût, leur rivalité s'affichait désormais au moindre prétexte. Ils en étaient arrivés à un tel degré de haine réciproque que la plus petite étincelle menaçait de porter leur inimitié à son point d'incandescence.

Malatesta dominait Corbinelli de plus d'une tête. Il le contemplait avec le sourire arrogant qui ne le quittait jamais lorsqu'il se trouvait en présence du médecin, dont il détestait l'assurance tranquille. Agir, frapper, vaincre : tels étaient les seuls mots d'ordre de Ruberto Malatesta. Aussi avait-il bien du mal à comprendre pourquoi le gonfalonier s'embarrassait de cet être chétif qui répugnait à toute forme de violence et n'avait probablement jamais empoigné une épée.

De son côté, Corbinelli vomissait la brutalité et la sauvagerie qui transparaissaient sous les riches pourpoints brodés d'or du mercenaire, à qui il rendait plus de vingt ans et près de trente kilos de muscles. Il comprenait l'usage qu'en avait le gonfalonier, mais faisait tout pour limiter son influence auprès de ce dernier.

— Calmez-vous ! ordonna Soderini. Vous avez mieux à faire que de vous chamailler. Nous tenterons plus tard d'expliquer la présence de ce cadavre dans l'Arno. Pour le moment, l'important c'est de trouver son nom.

— Ce ne sera pas facile, dit Corbinelli. Le corps est en piteux état.

— Aussi vas-tu t'adonner à ton passe-temps favori. Ouvre-le et vois ce que tu peux en tirer.

Malatesta tressaillit et se tourna vers le gonfalonier.

— Est-il nécessaire que mes soldats restent devant la porte, Excellence ? Je ne suis pas certain que ce soit là le meilleur gage de discrétion.

— C'est inutile, tu as raison. Tout le monde évite cette maison comme la peste. Et puis Deogratias suffit amplement à dissuader les voisins de se montrer trop curieux. Tu peux renvoyer tes hommes, mais dis-leur de tenir leur langue. Profites-en pour commencer ton enquête.

Malatesta acquiesça et gravit les marches au pas de course, n'ayant à l'esprit qu'une seule idée, qui revenait sans cesse, telle une litanie lugubre et obsédante : s'éloigner au plus tôt de ce lieu maudit.

Le médecin se mit au travail dans le plus grand silence. Au centre de la pièce, sur la dalle de marbre, reposait la dépouille repêchée dans les eaux de l'Arno. L'immersion prolongée du cadavre avait considérablement accéléré le phénomène de décomposition. Le plus léger contact paraissait suffisant pour que les morceaux de chair qui pendaient sur toute la surface du corps s'en détachent.

L'odeur était si forte que Soderini sentit brusquement la tête lui tourner. Il dut s'appuyer contre le mur pour ne pas tomber. Corbinelli lui tendit un bol rempli d'une substance pâteuse.

— Vous devriez utiliser cet onguent, Excellence. Il n'y a rien de plus efficace, vous allez voir.

Soderini trempa ses doigts dans la pâte que lui présentait le médecin et répandit une couche épaisse sur sa lèvre supérieure. Une forte odeur de camphre envahit ses narines. Son haut-le-cœur cessa presque aussitôt.

— Notre ami est dans un sale état, dit Marco d'une voix dénuée d'émotion.

— Il s'est décomposé à une vitesse déconcertante. J'ai bien peur que tout ne soit corrompu à l'intérieur.

À cette perspective, le gonfalonier ne put masquer une grimace de dégoût. Le médecin lui offrit une dernière chance d'échapper à la sinistre opération.

— Vous n'êtes pas obligé de rester, Excellence. Vous pouvez très bien attendre en haut. Marco a l'habitude de m'assister.

— Ça ira. L'intérieur peut difficilement être pire que l'extérieur et, de toute manière, mes intestins sont vides.

— D'accord, alors allons-y.

Armé d'une lame, Corbinelli esquissa une figure complexe sur ce qui restait du torse, puis il enfonça ses mains nues dans la mince fente ainsi tracée. Il écarta les deux parties et ouvrit la cage thoracique. Ce qu'il vit semblait encourageant, puisqu'un sourire de contentement se dessina sur ses lèvres.

— Les viscères sont bien mieux conservés que je ne pensais. Le cœur est presque intact, à l'exception de cette blessure mortelle.

— Qu'est-ce qui a pu faire cela ? Un poignard ?

— Non, l'entaille est beaucoup trop fine et régulière. J'opterais plutôt pour un instrument très effilé. Un stylet ou bien une sorte de longue aiguille. L'homme n'a sans doute rien senti de plus qu'une piqûre.

— La fin a été plus douce que ce qui l'a précédée…, soupira le gonfalonier tandis que Corbinelli continuait à fendre les chairs. Que vois-tu d'autre ?

Le médecin observa le foie à la lumière d'une grosse bougie et fit de même pour les autres organes sans rien trouver de concluant.

— On a soigneusement évité de toucher le moindre organe vital avant la mise à mort. Cet homme aurait pu vivre encore plusieurs heures si le tueur n'avait pas décidé d'en finir.

— Tu penses qu'il a été torturé longtemps ?

— Je dirais au moins une heure ou deux si l'assassin a choisi de travailler vite. Trois ou quatre s'il a pris son temps.

Le gonfalonier blêmit.

— Nous faisons fausse route. Brûlons-le et oublions-le le plus vite possible !

— Auparavant je voudrais regarder un peu ce qu'il a dans la panse, on ne sait jamais.

Corbinelli sectionna à leur base l'œsophage et les intestins, puis souleva l'estomac du mort et le posa sur le marbre glacé. Il reprit son scalpel et fendit délicatement l'enveloppe externe.

— À mon avis, le dernier repas remonte à vingt heures au moins avant sa mort. Sa dernière bouchée s'est sans doute refermée sur un morceau de tourte de volaille arrosée de vin rouge.

Sans aucune hésitation, le médecin plongea ses mains dans les chairs, accentuant l'écœurement de Soderini. Il aurait donné n'importe quoi pour se trouver loin de cette séance culinaire post-mortem à laquelle Corbinelli semblait prendre un plaisir jouissif.

Il était sur le point de s'éclipser discrètement, au risque de manquer la description des dernières composantes du menu, lorsque le médecin émit une exclamation sourde.

— Qu'y a-t-il ? Tu as trouvé quelque chose d'intéressant ?

— Quand je vous disais qu'un estomac nous renseigne mieux sur quelqu'un que son propre confesseur ! Donne-moi ce linge, Marco, nous allons voir ça de plus près.

Du bout de sa pincette, le médecin attrapa un minuscule copeau bleu qu'il posa délicatement sur le tissu immaculé. Il renouvela l'opération et retira un autre morceau, d'un jaune éclatant cette fois.

— Qu'est-ce que c'est ? demanda le garçon.

— J'ai déjà vu ça en examinant la dépouille d'un peintre. Son estomac était rempli de petits copeaux de peinture comme ceux-ci.

— Qu'il aurait ingurgités en suçotant le manche de son pinceau, c'est bien cela ? intervint Soderini.

— Exactement. Nous connaissons au moins son métier.

Songeur, le gonfalonier contempla les particules de couleur.

— Le premier problème est résolu. S'il est florentin, Malatesta saura dès ce soir de qui il s'agit. Reste à répondre à la seconde question : pourquoi ?

— Peut-être avait-il des dettes ? suggéra Marco. Ou bien avait-il couché avec la femme d'un autre ?

— Cesse un peu de dire des bêtises et laisse Malatesta mener son enquête. Même s'il supporte mal qu'on ouvre un corps sous ses yeux délicats, reconnaissons qu'il fait cela mieux que nous.

Corbinelli se tourna alors vers le gonfalonier, qui lui adressa un sourire las. Toute son énergie semblait s'être dissipée en une fraction de seconde. Il lui tardait de quitter la pièce à son tour, mais il préféra s'assurer que le cadavre ne viendrait plus lui causer de soucis.

Deogratias comprit aussitôt ce qu'attendait le maître de la ville. Il commença à découper les restes humains posés sur la table. Abattu d'une main ferme, le hachoir fendait les chairs et sectionnait les tendons en un claquement sec. Il s'agissait pour Deogratias d'une tâche familière, répétée des dizaines de fois, aussi naturelle pour lui que de couper les cuisses d'un poulet.

Moins de dix minutes lui suffirent à séparer les membres. Il y avait désormais sur la table une dizaine de morceaux de taille variable. Les cuisses et les avant-bras formaient une sorte de croix, au-dessous de laquelle étaient disposés les deux parties du torse, les mains et les pieds. Le crâne reposait à la base de l'étrange sculpture.

S'ils avaient observé plus attentivement la disposition de l'ensemble, Soderini et Corbinelli se seraient aperçus que Deogratias, en homme de goût, avait modelé sa composition sur sa peinture préférée, la *Crucifixion de saint Pierre* de Filippino Lippi, qu'il allait admirer chaque matin dans l'église Santa Maria del Carmine. Profitant de la faible affluence de la messe de six heures trente, il s'installait le plus près possible de la fresque, reléguée tout au fond de la nef, dans l'obscurité de la petite chapelle de la famille Brancacci, et ne s'en détachait que lorsque le prêtre avait prononcé la bénédiction finale.

Mieux que quiconque, Filippino Lippi avait réussi à rendre dans ses toiles la complexité de l'esprit florentin, dont le haut degré de raffinement s'accompagnait d'une férocité digne des pires peuplades barbares. La *Crucifixion* représentait sans doute le modèle le plus maîtrisé de son style : précise dans sa construction et respectueuse des règles strictes de l'harmonie picturale, elle semblait ruisseler de sang. Des lignes nerveuses, véritables métaphores des humeurs incontrôlables propres à l'âme toscane, la parcouraient en tous sens et la désagrégeaient de l'intérieur.

Particulièrement content du rendu du monceau d'abattis disposé sur la table, Deogratias observait son œuvre avec fierté, un peu déçu toutefois que son maître et le gonfalonier ne perçussent pas la finesse de son utilisation des volumes et des couleurs. Au bout d'une minute, dépité, il rassembla le tout en un monticule au centre de la pièce. Il ajouta quelques bûches dans la cheminée, puis saisit le pied qui surmontait le tas et le jeta distraitement dans l'âtre.

Une odeur semblable à du porc grillé envahit la pièce, en même temps qu'une sombre fumée envahissait le conduit. Satisfait de la température du feu, Deogratias lança les autres morceaux dans les flammes. Il ne resta bientôt plus que la tête, qu'il livra au brasier après avoir murmuré un semblant de prière.

Soderini fut stupéfait par la vitesse à laquelle le cadavre se consuma. Au bout d'un quart d'heure, les chairs avaient fondu et les os commençaient déjà à s'émietter sous la force de la chaleur. Il ne resta bientôt plus de Raffaello Del Garbo qu'une poignée de cendres mêlées à des fragments osseux guère plus gros que des pièces de monnaie. Deogratias prit alors une éponge gorgée d'eau et entreprit de laver la table d'opération.

Laissant le serviteur parachever la destruction des preuves, Soderini et Corbinelli quittèrent la pièce et gravirent l'escalier. Après avoir refermé la porte qui menait à la cave, le médecin indiqua au gonfalonier la direction de la sortie.

— Tout est terminé, Excellence, le cadavre n'a jamais existé.

— Voilà une bonne chose de faite. Souhaitons que le souvenir de ce malheureux s'éteigne aussi vite que les flammes qui ont dévoré sa dépouille.

Sans rien ajouter, Soderini récupéra le manteau que lui tendait son hôte et sortit. Il frissonna, mais le froid n'y était cette fois pour rien. Il venait de comprendre pourquoi l'assassin s'était tant acharné sur le corps de sa victime. L'idée qui s'était insinuée dans son esprit le terrifia. Il ne parvint pas à la chasser, car il savait au fond de lui que c'était la seule explication possible.

Ce corps martyrisé le terrifiait tant parce que tous ses attributs individuels avaient disparu. Rien de ce qui faisait de lui un homme n'avait résisté à l'acharnement du bourreau. Il n'avait plus de nom, ni de visage. Celui qui l'avait torturé était parvenu à l'exclure de l'humanité. En le défigurant de la sorte, il lui avait réservé un sort bien pire que la mort.

Soderini essaya de se convaincre que l'effigie de faïence qui l'attendait sur son bureau parviendrait à lui faire oublier le souvenir du cadavre, mais une voix venue du plus profond de ses entrailles l'assura du contraire.

3

— Messieurs, j'ai une grande nouvelle à vous annoncer !

— Ne me dis pas que tu as encore perdu ta virginité, Francesco ! Tu es censé l'avoir déjà perdue au moins trois fois, non ? La première, si je me souviens bien, c'était avec la fille de Piero Petruzzi. Puis tu nous as annoncé que tu avais forniqué avec la femme de Simone Fornacciari, le boulanger, et enfin avec cette putain qui racole le long de l'hôpital des franciscains. Il est tout de même étrange qu'aucune ne se souvienne de ses aventures avec toi…

— Très drôle, Ciccio… Non, j'ai une vraie nouvelle, absolument confidentielle. Je la tiens du cousin de ma mère, Battista, celui qui fait partie de la milice…

— Attends une seconde, j'ai bien trop soif pour t'écouter. Commande donc un autre pichet de ce merveilleux petit vin !

— Tavernier ! beugla le jeune homme au visage boutonneux, si fort que sa voix parvint miraculeusement à dépasser le vacarme qui régnait dans l'auberge pour atteindre les conduits auditifs d'une serveuse aux hanches larges et avenantes.

La plantureuse créature s'avança d'un pas lent vers la table des trois jeunes gens. C'était une femme d'une cinquantaine d'années, à qui la vie avait amplement apporté son lot de malheurs et de tragédies. Elle gardait peu de stigmates de ses longues années de prostitution, si ce n'était l'éternelle expression d'ennui qui figeait ses traits, ajoutée à une envie certaine de castrer certains des nombreux mâles qu'elle avait connus.

Malgré les dommages irréparables que les années d'excès avaient causé à son corps, elle mettait un point d'honneur à ne porter que des vêtements mettant en valeur ses formes plus qu'abondantes. Cette habitude lui valait une popularité inégalée parmi les soiffards qui prenaient quotidiennement le risque d'affronter la fermeté de sa poigne et l'acidité de ses paroles.

Sans se départir de son air las, elle se planta devant celui qui venait de crier :

— Qu'est-ce que ce sera encore, les garçons ?

— Amène-nous donc un autre cruchon de vin, Teresa ! dit le jeune homme en essayant de glisser la main sous les jupons de l'hôtelière, qui, d'un coup sec sur l'avant-bras, lui fit aussitôt renoncer à sa tentative.

— Les femmes comme moi ne sont pas faites pour les jouvenceaux de ton espèce, mon petit ! ironisa-t-elle d'une voix railleuse. Nous en reparlerons lorsque l'arbrisseau que tu caches dans ton pantalon aura enfin atteint une taille respectable.

À ces mots, Francesco Vettori, qui allait sur ses dix-neuf ans et estimait que les rares poils disséminés sur son menton témoignaient de l'achèvement de sa puberté, ne put contenir un hoquet d'indignation. Sous les acclamations des deux autres membres de la tablée, Teresa attrapa la joue du jeune homme. Avant de la lâcher, elle attendit d'être certaine que la trace sombre qu'elle y avait apposée perdurerait quelques minutes au moins.

Puis elle se retourna tranquillement et se mit en devoir de percer la foule, n'hésitant pas à jouer des coudes pour repousser tous ceux qui se trouvaient sur son chemin. Vettori put enfin pousser un cri de douleur.

— Allez, Francesco, montre-nous ton arbrisseau, que l'on voie enfin si son feuillage commence à pousser ! le railla son voisin de gauche, un grand brun au teint olivâtre, légèrement plus âgé.

— Que t'est-il arrivé à la joue, Francesco ? continua le garçon joufflu qui se tenait en face de lui. C'est un suçon de Teresa, non ?

— Encore un mot, et on ira régler ça dehors ! lui répondit violemment Vettori, d'autant plus vexé que son cri avait attiré l'attention des ivrognes serrés les uns contre les autres dans l'auberge.

— Quand tu veux, mon petit jouvenceau ! Mais peut-être préfères-tu attendre l'heure de ta tétée. Je ne veux pas qu'on m'accuse de t'avoir tué alors que tu n'étais pas en pleine possession de tes moyens physiques !

À ces mots, Vettori se redressa d'un bond et tenta de se jeter sur lui, mais ne parvint qu'à retomber lourdement sur son voisin.

— Excuse-moi, Niccolò... J'ai du mal à tenir debout ce soir.

Niccolò Machiavel n'avait pas participé à la beuverie aussi activement que ses deux compagnons, aussi sa voix était-elle moins hésitante que la leur :

— Allons, calmez-vous tous les deux ! J'en ai plus

qu'assez de vos disputes incessantes. Tu t'es attaqué à plus fort que toi, Francesco, voilà tout. Cela fait dix ans que Teresa répond avec la grâce qu'on lui connaît à tous les poivrots qui essaient d'abuser d'elle !

— Tu as tort de te fier à son aspect physique, renchérit l'adolescent corpulent, inscrit sur les registres d'état civil sous le nom de Piero Guicciardini, mais que ses amis avaient affublé du sobriquet de Ciccio. En réalité, Teresa est une vraie sainte. Pour rien au monde elle ne manquerait la messe du matin.

— Surtout si c'est le ténébreux moine de son cœur qui la dit ! conclut Vettori en rajustant la longue mèche blonde dont il tirait une immense fierté.

— Vous pouvez rire, mais la moitié des femmes de cette ville sont amoureuses de Savonarole ! conclut Machiavel en esquissant un sourire amusé. En voilà autant qui ne rêvent pas de vos caresses !

Vettori grimaça et ne put s'empêcher de maugréer, d'un ton qui ne laissait aucune ambiguïté quant aux sentiments qu'il nourrissait à l'égard du moine :

— Je voudrais bien savoir pourquoi elles ne parlent toutes que de lui ! Il n'a jamais touché une femme et n'est sans doute pas près de le faire…

— « Cessez de vous rouler dans le lucre et la luxure ! Priez le Seigneur, car Lui seul peut nous sauver ! » tonna Guicciardini dans une imitation de la voix de stentor du dominicain, justement récompensée par une salve d'applaudissements.

Grisé par ce succès, il poursuivit :

— « Consacrez toute votre énergie à Dieu ! Ne la gaspillez pas avec vos épouses, mais confiez plutôt vos femmes aux bons soins de Francesco Vettori, cette incarnation du Malin qui ne pense qu'à baiser ! » rugit-il, tandis que ses deux comparses se tordaient de rire sur leurs chaises.

— Arrête, Ciccio, c'est trop drôle ! J'ai l'impression que mes boyaux vont éclater ! le supplia Vettori en se tenant le ventre.

Sans la moindre pitié pour les entrailles de son ami, Guicciardini brailla dans un ultime éclat de voix :

— « Crève, Francesco ! Tu sèmes les graines de l'impureté et du vice jusqu'au cœur de notre cité ! C'est là l'unique fin que tu mérites ! »

Apercevant de loin le regard désapprobateur de Teresa, il mit un terme brutal à son imitation.

— Il me semble que ce bon Savonarole aurait des paroles plus charitables, non ? interrogea Vettori, profitant du silence qui venait de s'installer.

— J'en doute, lui répondit Machiavel. Il prend très au sérieux son rôle de messager de Dieu. Il est prêt à écarter de son chemin tous ceux qui pourraient s'opposer à son nouvel ordre moral.

— Pourvu qu'il me cède une ou deux jeunes filles à besogner, je le laisserai dire tous les sermons du monde, conclut Vettori, dont les yeux bleus se mirent à briller d'une lueur où se mêlaient désir et frustration.

Se souvenant soudain qu'il n'avait pas encore dévoilé son secret, Guicciardini prit la parole d'un ton solennel :

— Niccolò, je te rappelle que notre cher Francesco ici présent, sans doute le plus grand vantard que la terre toscane ait jamais porté, a une importante nouvelle à nous communiquer. Espérons qu'elle sera authentique, pour une fois.

— C'est vrai, ne nous fais pas languir. De quoi s'agit-il ?

D'un geste théâtral de la main, Vettori réclama le silence, puis toussa une ou deux fois pour se donner de la contenance.

— Bon, d'accord. Comme je vous l'ai dit tout à l'heure, le cousin de ma mère...

— Battista ! l'interrompit son gros voisin.

— Tais-toi, Ciccio ! Laisse-le parler...

— Donc, Battista était de garde cette nuit avec le vieux Torricelli sur le pont qui traverse l'Arno, au nord de la ville. Ils étaient en train de terminer leur dernière ronde, vers six heures, lorsqu'ils ont aperçu un paquet qui flottait, coincé dans des branches. Ils ont réussi à le récupérer avec leurs lances et l'ont ouvert.

— Accélère un peu, Francesco ! Qu'y avait-il à l'intérieur ?

— Je parie qu'il y avait quelques barils de vin, que Torricelli a immédiatement vidés. Il boit plus vite qu'il ne respire, celui-là.

— Il aurait préféré y trouver du vin, Ciccio. En fait, il s'agissait d'un cadavre, et tellement pourri que le vieux Torricelli a dégobillé sur-le-champ toute la gnôle qu'il avait bue durant la nuit.

— Et qu'ont-ils fait ?

— Ils ont refermé le sac du mieux possible et Battista est allé chercher les hommes de Malatesta.

— Il leur a dit qu'il avait vu ce que contenait le sac ?

— Non, tu penses bien. Il n'avait aucune envie de finir dans les geôles du Bargello. Tout le monde sait que Malatesta n'est pas du genre à réfléchir longtemps pour résoudre les problèmes délicats. Il a prétendu qu'il n'avait pas pu s'en approcher à cause de l'odeur. Les hommes de Malatesta l'ont fait déguerpir si vite qu'ils n'ont pas pris le temps de l'interroger davantage.

Troublés par cette nouvelle, ses deux amis observèrent un long moment de silence que Vettori savoura comme une juste victoire après tant de sarcasmes.

Machiavel fut le premier à réagir :

— Le conseil de la cité doit se réunir demain. Le sujet y sera sans doute abordé.

— Tu peux en être certain ! rétorqua Guicciardini. J'en connais qui seront trop heureux de mettre Soderini en position délicate.

— Si nous sommes au courant de cette histoire, toute la ville doit l'être, soupira Machiavel. N'ayez pas peur, je vous raconterai tout cela juste après.

Tout heureux de voir que son ami avait fort bien saisi le message qu'il s'efforçait de lui transmettre par la pensée, Guicciardini lui tapa joyeusement sur l'épaule.

— Comme quoi connaître un secrétaire de chancellerie présente aussi des avantages ! Tu te décides enfin à nous apporter quelques nouvelles croustillantes en échange de tous les ragots que nous t'offrons chaque soir !

— J'ai peur de te décevoir, Ciccio ! Il ne faut pas espérer y entendre de racontars. On n'y apprend d'ailleurs rien de bien palpitant. Quant à moi, je passe mon temps à rédiger des comptes rendus que personne ne lira et qui finiront couverts de poussière dans la salle des archives. Rien de bien passionnant…

— Il faut le dire au vieux Ficino ! C'est lui qui insiste pour que ses élèves fréquentent les hauts lieux du pouvoir le plus tôt possible !

— Ton tour viendra aussi, Francesco…

— Le plus tard possible, j'espère ! J'ai encore besoin de quelques longues années pour préparer mon cerveau aux méandres de la politique.

Guicciardini leva la main droite, dans un geste qui se voulait solennel.

— Sache que tu pourras nous rapporter en toute confiance ce qui se dira demain, Niccolò. Je te promets que nul n'en saura rien.

— Nous serons aussi muets qu'un bronze de Verrocchio ! ajouta Vettori, qui, bien sûr, n'en pensait pas un mot.

— J'en doute, vous êtes capables de répandre un ragot dans toute la Toscane en moins d'une heure !

Cette remarque mit en joie ses compagnons, heureux de voir leurs capacités reconnues à leur juste valeur. Pour fêter cette victoire, Guicciardini se mit à hurler :

— Teresa, vite, du vin ! On meurt de soif dans ta foutue taverne !

La nuit touchait à sa fin. La pluie fine avait laissé place à une averse qui avait empli les rues de larges flaques boueuses. Une épaisse chape de brouillard s'était étendue sur la ville, au point que l'on n'y voyait pas à cinq mètres. L'individu qui marchait d'un pas rapide dans les ruelles du quartier San Bernardo n'aurait pu rêver conditions plus parfaites pour accomplir sa mission.

Il avait relevé le col de son manteau jusqu'à la base de son nez et fait retomber sur ses yeux le large bord de son chapeau. Plongé dans l'obscurité, son visage était méconnaissable. Le seul indice sur son identité était la solide lame de Tolède qu'il portait au côté, glissée dans une simple boucle de cuir.

Ce n'était pas, en effet, l'épée souple et ornée d'un pommeau finement ciselé qu'arboraient habituellement les aristocrates, plus soucieux du style que de l'efficacité d'un tel instrument. Bien peu, d'ailleurs, avaient appris à prendre en main la flamberge autrement que comme on tient une plume d'oie. De toute manière, ils avaient amplement démontré par le passé qu'il leur était bien plus naturel de périr au combat que de tuer. Les gonfaloniers successifs avaient pris acte de cet atavisme et avaient compris qu'il valait mieux offrir à des mercenaires le monopole – glorieux, mais dangereusement puéril – de la guerre plutôt qu'à la fine fleur de la noblesse florentine.

C'était là au contraire l'arme d'un homme qui considère son épée comme purement utilitaire, conçue dans le seul but de tuer d'une botte droit dans le cœur, éventuellement dans la gorge, mais toujours avec une parfaite efficacité.

Noyée dans l'ombre, la minuscule silhouette s'avançait comme la mort poursuit les combattants sur le champ de bataille. Nul ne la vit traverser le Ponte dei Martiri, pas plus qu'on ne la remarqua lorsqu'elle s'attarda sous les arcades de la Piazza Sant'Anna. Scrutant les environs déserts, le mystérieux individu tendit l'oreille, attentif au moindre bruit suspect. Il ne vit personne, à l'exception d'un chat solitaire cherchant un abri épargné par la pluie, et n'entendit d'autre son que celui de sa propre respiration, tranquille et régulière.

Il songea que ses précautions étaient sans doute inutiles, dans la mesure où les rares personnes encore debout seraient trop imbibées d'alcool pour le reconnaître. Et puis la lame acérée de sa fidèle épée était le meilleur moyen de faire retomber les poivrots dans les limbes qu'ils n'auraient jamais dû quitter. À cette pensée, un sourire naquit brièvement sur ses lèvres, tandis que ses doigts glissaient sur le manche de l'arme.

Durant un instant, tout son esprit ne fut plus tendu que vers l'idée de mort. Il gardait encore en mémoire les cris de douleur du pauvre petit barbouilleur qu'il avait torturé la veille. Il se sentait frustré, car il l'aurait volontiers fait souffrir quelques heures de plus, mais son maître l'en avait empêché. Et il ne lui avait même pas laissé le plaisir de l'achever.

Il sentit monter en lui une irrépressible envie de tuer. Mais il avait mieux à faire dans l'immédiat. Il se promit d'étancher sa soif de sang dès que sa mission serait achevée.

Il était sur le point de se remettre en marche, lorsque, à une vingtaine de mètres à peine, la porte d'une taverne s'ouvrit, laissant échapper un flot de lumière. Assourdis par le bruit de l'orage, les rires hystériques des soûlards encore en activité brisèrent le silence de la nuit.

Trois silhouettes sortirent et s'avancèrent vers lui. S'il avait été plus près, il aurait sans doute pu distinguer les mamelons joufflus de la matrone qui, avec l'aide d'un jeune homme, soutenait tant bien que mal un rare spécimen de carcasse avinée.

Le vent porta jusqu'à lui quelques bribes de conversation.

— Ça va aller, Francesco ? demanda celui des adolescents qui tenait encore debout.

— Mais oui, ne t'inquiète pas pour moi... Je... je... peux quand même rentrer chez moi !

— Tu es sûr qu'il en est capable, Niccolò ? s'inquiéta Teresa.

— Bien sûr... que je peux le faire ! beugla l'ivrogne. Regardez... J'arrive presque à marcher droit !

Se dégageant des mains qui le tenaient, Vettori s'écroula dans une large flaque de boue. Il refusa l'aide que lui proposaient Teresa et Machiavel, et se releva avec peine en prenant appui sur le mur de la maison la plus proche. Il se retourna une dernière fois et lança d'une voix rauque, tandis que la porte de la taverne se refermait sur des rires joyeux :

— Allez... bonsoir ! Buvez à ma santé !

Ignorant la pluie qui tombait désormais en rafales diluviennes, il entama une lente progression, se gardant bien de lâcher le mur. Quelques pas plus loin, sa main se posa tout près du petit renfoncement où s'était dissimulé le rôdeur, dont les yeux brillaient d'un étrange éclat lumineux.

Pris d'un besoin pressant, l'adolescent se mit en devoir de baisser son pantalon. Il lui fallut une bonne minute pour extraire complètement sa verge, qu'il contempla d'un air satisfait, avant de murmurer :

— Arbrisseau... mon cul !

Un sourire extatique envahit son visage lorsque le liquide tiède se mit à couler. Il laissa échapper un soupir de satisfaction tandis que, au-dessous de lui, le tueur avait déjà empoigné son épée, prêt à étriper l'inconscient qui lui pissait dessus. L'espace d'une seconde, il songea à lui planter son arme dans le ventre, non sans avoir auparavant coupé un morceau de cet engin ridiculement petit qui s'agitait au-dessus de lui.

Ses oreilles résonnèrent soudain du cri de ses victimes, que sa lame avait traversées par dizaines, et son envie de tuer augmenta encore d'un cran. Il ferma les yeux et imagina la chaleur du sang glissant de sa lame et coulant sur ses doigts. L'odeur de la mort semblait déjà planer dans l'air, tout autour de lui. C'était une odeur moite, mais en même temps fruitée, semblable à celle d'un sous-bois à l'automne.

Il remplit ses poumons de ce parfum et en aspira goulûment les effluves, la bouche grande ouverte. Un mélange complexe de peur et d'excitation s'empara de lui. Son besoin d'assassiner répondait à un instinct vital et essentiel auquel il n'avait pas la force de s'opposer. Il était sur le point de perdre tout contrôle de lui-même.

Il se reprit tout de suite. Il ne fallait pas prendre de risques. Les sommes énormes qu'il réclamait pour ses services étaient justifiées par un taux d'échec absolument nul. Or la mission de ce soir-là ne nécessitait pas de tuer, aussi épargna-t-il le jeune ivrogne. Il serait toujours temps de le retrouver pour lui faire payer son humiliation.

Au bout de quelques secondes, Vettori remit maladroitement son membre dans son pantalon et reprit sa prudente avancée. Il fut bientôt assez loin pour que l'homme puisse enfin sortir de son abri. L'odeur d'urine qui imprégnait ses vêtements remplaça aussitôt le doux parfum de la mort.

Il attendit que la lune fût totalement masquée par les nuages, puis courut jusqu'au pied de l'escalier menant à l'église. Le bruit de la pluie étouffa celui de ses pas lorsqu'il gravit les quelques marches qui le séparaient du lieu consacré. Parvenu en haut, il longea la façade et s'arrêta une dizaine de mètres plus loin, devant une petite porte percée dans le mur.

Il sortit de sa poche un poinçon, l'introduisit dans la serrure et le fit tourner lentement dans un sens, puis dans l'autre. Le mécanisme céda dans un claquement sourd. Retenant son souffle, le tueur s'immobilisa. Lorsqu'il fut certain que le bruit du tonnerre avait couvert celui de la serrure, il ouvrit doucement la porte.

Il se trouvait dans un cloître, protégé de la pluie par l'avancée du toit. Le déambulatoire qui entourait le jardin était plongé dans l'obscurité la plus complète. Les cellules des moines étaient toutes parfaitement silencieuses. L'intrus se plut un instant à imaginer la vie merveilleuse qu'il pourrait mener dans un tel endroit, lorsqu'il serait las d'exécuter ses basses œuvres. N'était-il pas injuste que seuls les moines puissent jouir d'un lieu aussi paisible et, surtout, si bien préservé des dangers du monde extérieur et de la justice des hommes ?

La seule réserve qu'il pouvait émettre à l'encontre de ce projet était qu'il serait peut-être difficile d'y introduire alcool et bonne chère en quantité suffisante pour ne pas trop s'y ennuyer. Sans parler des femmes, qui lui coûtaient déjà une bonne partie des sommes que lui rapportaient ses diverses activités, et dont il n'imaginait pas qu'elles lui fissent défaut pour les dernières années de son existence. Il se rassura très vite, car, d'après ce qu'on disait, le réseau d'approvisionnement des moines était aussi fourni que les cales d'un galion espagnol de retour des Indes.

Suivant à la lettre les instructions qu'on lui avait données, le tueur atteignit une seconde porte, sortit une clé de sous son manteau, puis pénétra dans un vestibule obscur. N'osant allumer le lumignon qu'il avait emporté avec lui, il tâtonna jusqu'au moment où il buta contre la première marche de l'escalier, qui s'élevait sur sa gauche en une élégante volute de marbre. Il gravit une quinzaine de marches et entra dans la salle de lecture.

Longue de près de quarante mètres, la pièce se terminait par un mur orné d'une fresque. De chaque côté de l'allée centrale étaient disposés de larges pupitres, sur lesquels se trouvaient encore quelques parchemins. Des livres par centaines, soigneusement rangés sur des étagères de bois précieux, recouvraient les deux parois latérales.

Sûr de son fait, le tueur s'engagea dans l'allée centrale et s'arrêta devant une nouvelle porte, si petite qu'il fallait presque se courber pour la franchir. Il essaya sans succès de tourner la poignée. Soucieux de ne faire aucun bruit, il réfléchit un court instant, puis appuya son épaule contre le bois. Très vite, le gond supérieur commença à plier. Il poursuivit son effort jusqu'à ce que ce dernier cédât, immédiatement suivi par celui du bas.

Il souleva la porte et la posa en silence sur le sol. Sa petite taille lui permit de passer sous le linteau de marbre sans même se baisser. Il pénétra alors dans un réduit aux murs entièrement tapissés de livres. Sans perdre de temps, il s'avança vers un rayonnage situé à mi-hauteur et fit glisser son doigt jusqu'à un manuscrit grossièrement relié, qu'il fit aussitôt disparaître sous son pourpoint.

Parcourant le chemin inverse, il traversa le cloître et s'enfonça dans la nuit.

4

Le lendemain, le soleil se leva tôt. Trop tôt pour tous ceux qui, jusqu'au petit matin, avaient passé la nuit à battre des records d'éthylisme, comme Piero Guicciardini, qui dormait du sommeil du juste, confortablement vautré sur un canapé de la petite maison que son père louait pour lui dans la Via di San Donà.

Profondément plongé dans une douce rêverie érotique, il n'entendit pas les coups sur la porte, pas plus qu'il ne fut réveillé par le grincement des gonds lorsque celle-ci s'ouvrit. Guidé par ses ronflements gras, l'intrus parvint jusqu'au seuil de la pièce où s'était effondré le jeune homme.

Un désordre épouvantable régnait dans ce que Guicciardini avait pompeusement baptisé « salle d'étude », en fait une pièce minuscule noyée sous un indescriptible fatras. L'élément central du lieu, la bibliothèque, semblait avoir été détourné de son rôle premier avec un acharnement obstiné tant les rares livres peinaient à se trouver une place au milieu des reliefs de nourriture et des parchemins maculés d'encre.

Lorsque Guicciardini avait affirmé à son père, inquiet du peu de sérieux avec lequel son fils menait sa scolarité, qu'il passait le plus clair de son temps dans la salle d'étude, il n'avait pas menti. C'était là, en effet, qu'il cuvait son vin jusqu'à une heure avancée de la journée, chaque fois que l'abus d'alcool le dissuadait de tenter la périlleuse escalade des cinq marches qui menaient à sa chambre. C'était encore là qu'il composait les chansons paillardes qui avaient fait sa célébrité dans toutes les tavernes de la ville.

Sans doute pour masquer l'épaisse couche de saleté qui donnait au plancher une couleur uniformément grise, il avait jeté sur le sol les vêtements tachés de vin qu'il portait la veille. Qui le connaissait savait de toute manière que le mot « propreté » n'appartenait pas à son vocabulaire. En désespoir de cause, sa mère avait pris l'habitude d'aller chaque matin dans l'église Santa Felicità déposer un cierge devant l'autel dédié à sainte Rita, la patronne des causes désespérées.

Malgré ce recours quotidien à l'intercession divine, son fils unique n'avait pas encore découvert que l'eau pouvait servir à autre chose qu'à diluer la piquette trop rance pour être ingurgitée telle quelle par un estomac humain.

Dégoûtée par la saleté repoussante de la pièce, la silhouette hésita quelques instants sur le seuil, paralysée par la crainte d'attraper une maladie en mettant seulement un pied dans cette porcherie. Prenant son courage à deux mains, elle inspira profondément et bloqua sa respiration. Sans même essayer de savoir sur quoi elle mettait les pieds, elle se dirigea vers la fenêtre, qui semblait ne pas avoir été manipulée depuis des semaines.

D'un geste victorieux, elle repoussa les volets de bois. L'air pur envahit la pièce en même temps que les rayons du soleil. Cette double intrusion fut un choc trop violent pour Guicciardini, qui se réveilla en sursaut.

— Pute borgne ! Qui veut m'assassiner de manière aussi barbare ?

— Debout, gros paresseux, lui lança la jeune fille qui se tenait devant lui. Il est grand temps que tu te lèves !

— Mais enfin, Annalisa, quelle heure est-il ?

— Sept heures et demie, Ciccio. Allez, debout !

— Ce n'est pas une heure à mettre un chrétien dehors ! Bonne nuit...

Comme si la présence de la jeune fille n'était rien d'autre qu'un délicieux prolongement de son rêve érotique, son corps rebondi entama un lent mouvement de translation vers le mur opposé à la fenêtre, là où résidait sa seule chance d'échapper aux effets néfastes de la lumière. Il grogna, puis se rendormit aussi sec, tandis que la jeune fille le contemplait d'un air stupéfait.

Un sourire joyeusement pervers naquit sur ses lèvres lorsqu'elle aperçut, posé sur un petit guéridon, coincé entre un torchon graisseux et une bougie à demi consumée, un vieux broc plein d'une eau croupie. Sans la moindre hésitation, elle le souleva et le déversa sur le visage de l'adolescent, dont le songe se transforma soudainement en cauchemar.

Il grommela à l'adresse de son bourreau :

— Que désirez-vous, mademoiselle ? Pour un baiser, il faudra repasser demain. J'ai trop mauvaise haleine aujourd'hui.

— Tu rêves, Ciccio. Je réserve ma tendresse aux jeunes gens qui ont un minimum de propreté.

— Si tu n'es pas venue pour abuser de mon corps particulièrement excitant, que fais-tu là, alors ?

— C'est Teresa qui m'envoie. Tu lui as promis hier soir d'assister à la messe.

— Tu dois faire erreur sur la personne. Que veux-tu que j'aille faire à la messe ? Je n'y ai pas mis les pieds depuis des années !

— Tu lui as dit vouloir entendre le sermon de Savonarole.

— Je me moque de ce fichu moine. Je veux dormir, c'est tout !

— D'après Teresa, tu aurais braillé toute la soirée que le charme de Savonarole était – je cite tes propres mots – « comparable à la virilité vulgaire d'un maquereau de bas étage » à côté de ton raffinement. Tu étais bien en verve, dis-moi !

— Oh, mon Dieu ! J'étais plein comme une barrique... Je ne me rappelle plus rien. La prescription est immédiate dans ce genre de situation.

— Quel dommage que tu aies oublié tes exploits ! Teresa vous a pourtant chassés à coups de balai, Niccolò et toi, quand elle vous a surpris en train de pisser sur le mur de sa taverne.

— Elle manque d'humour, cette mégère. Après tout, nous n'avons fait que lui rendre ce que nous avions bu chez elle ! Fiche-moi la paix, j'ai sommeil. Je ne peux pas me réveiller aux aurores et être à la fois le fêtard le plus aimé de la ville.

— Ça suffit, lève-toi maintenant ! rétorqua Annalisa, de plus en plus agacée par l'épaisse créature languissante qui se tenait devant elle.

Le ton de la jeune fille n'admettait plus aucune contestation. Guicciardini comprit que sa nuit était définitivement terminée. Il se redressa de mauvaise grâce et enfila au hasard quelques vêtements ramassés par terre.

— Ça y est, je suis prêt.

Annalisa fit une grimace de dégoût, que Guicciardini prit pour un compliment masqué, puis les deux jeunes gens se dirigèrent à vive allure vers la cathédrale Santa Maria del Fiore. Essoufflés, ils y parvinrent quelques minutes seulement avant l'heure. Ils n'eurent aucun mal à apercevoir Teresa, qui se mit à leur faire de grands signes de la main dès qu'elle les vit. Elle leur avait gardé des places à côté d'elle, le long de l'allée centrale, juste en face de la chaire d'où Savonarole faisait ses sermons.

— Magnifique, gémit Guicciardini en s'asseyant. On va pouvoir admirer ton moine sous tous les angles.

— Tais-toi donc. Et n'oublie pas que je t'attends dès la fin de la messe à la taverne avec un seau et une éponge pour nettoyer le mur que tu as souillé hier soir.

Guicciardini n'eut pas le courage de répondre. Il se contenta de soupirer en contemplant ses bottes crottées.

Le cortège fit son entrée à l'instant précis où les cloches sonnèrent huit heures. Le front ceint d'une couronne d'aubépine, une centaine de jeunes enfants, frigorifiés sous leurs fines aubes immaculées, pénétrèrent dans l'église, portant chacun un cierge à la main. Les quarante moines du monastère de San Marco les suivaient, vêtus de la robe noire et blanche de l'ordre de saint Dominique, en chantant le cantique *Salvum me fac, Domine*, repris en chœur par le millier de fidèles entassés dans la cathédrale.

Savonarole se tenait au milieu du cortège, entouré des quatre moines chargés de sa protection. Même immergé au cœur d'une telle multitude, son magnétisme happait tous les regards. Physiquement, sa banalité était pourtant frappante. D'une corpulence très moyenne, il était dépassé de près d'une tête par tous les autres moines. Son dos, usé par la lecture prolongée des Saintes Écritures, s'était voûté avec le temps, si bien que son cou paraissait s'enfoncer dans ses épaules trapues. L'apparente médiocrité de ce corps semblait avoir été voulue pour mettre en évidence des yeux grands et sombres, qu'une imperturbable foi faisait rayonner. Derrière l'apparence d'un objet, Savonarole voyait toujours la main de Dieu qui l'avait façonné, et quand il fixait quelqu'un, on eût dit que son regard perçait son enveloppe charnelle pour atteindre le tréfonds de son âme.

En passant devant Annalisa, il ne put s'empêcher d'admirer la jeune femme, dont la plastique remarquable aurait amené n'importe quel saint à se damner. Mais il n'y avait en lui aucune concupiscence, ni aucun désir.

Durant les quelques secondes que dura ce contact, Annalisa se sentit néanmoins pénétrée au plus profond d'elle-même. La foule disparut de son champ de vision, tous les bruits s'estompèrent et le temps parut se pétrifier. Incapable de se détacher de ces pupilles qui la scrutaient intensément, la jeune femme fut gagnée par une sérénité si parfaite qu'elle en frissonna d'émotion.

Brutalement, Savonarole détacha son regard de celui d'Annalisa et le lien mystérieux qui les unissait se brisa net. Lorsque les sons et les images envahirent à nouveau ses sens, elle retomba lourdement sur le banc, haletante, incapable du moindre mouvement.

— Mon Dieu..., eut-elle seulement la force de murmurer.

Le même sentiment de calme et de plénitude avait envahi chacun des membres de l'assemblée, à l'exception notable de Guicciardini, qui se contenta de lever les yeux en soupirant d'ennui au moment où le moine passa devant lui.

Une fois dans le chœur, Savonarole s'agenouilla devant

la *Crucifixion* suspendue au-dessus du maître-autel. Sous le corps puissant et musculeux du Christ peint par Giotto, celui du moine, recroquevillé en position de prière, semblait étonnamment chétif. Le dominicain alla ensuite s'asseoir dans la stalle qui lui était réservée dans le chœur, tandis que l'église restait plongée dans le silence. Au bout d'une longue minute, il se redressa lentement et, suivi de deux jeunes enfants de chœur qui agitaient des encensoirs, il s'avança vers la chaire adossée au premier pilier de la nef.

Cela faisait désormais près d'un an et demi qu'il prêchait du haut de cette chaire. Au début, lorsque ses sermons quotidiens n'étaient encore suivis que par une poignée de fidèles, il se contentait de commenter les textes sacrés. Quelques mois cependant avaient suffi pour que sa renommée se répandît à travers toute la cité ; voyant les fidèles affluer en nombre et profitant de la situation, Savonarole se mit à prôner l'instauration d'un régime populaire.

Cette prise de position, qui avait fait de lui l'idole du peuple et lui avait apporté un immense poids politique, lui avait également attiré bien des inimitiés parmi les puissantes familles de l'aristocratie, d'autant plus furieuses que les mœurs parfaites du moine ne laissaient aucune prise à la critique.

Alexandre VI lui-même avait pris ombrage de ce modeste moine, qui se permettait de critiquer le luxe et le vice dans lequel, disait-il, se vautraient sans vergogne les membres de la curie romaine. Bien entendu, le pape savait fort bien que Savonarole n'avait pas vraiment tort. Nul n'ignorait les pratiques des prélats romains, dont Alexandre lui-même – surtout préoccupé d'accumuler les richesses, les maîtresses et les enfants illégitimes – était un parfait représentant.

Il n'était pas convenable, bien sûr, que des membres du clergé introduisissent dans les Évangiles des préceptes tels que : « Nourris-toi chaque jour des mets les plus fins et bois les meilleurs vins jusqu'à t'en faire exploser la panse », ou bien : « Garde toujours une place chez toi pour la courtisane qui pourrait arriver à l'improviste », mais il était plus inconvenant encore que la critique provînt du sein même du clergé. Qu'un moine appelât du haut de sa chaire au renouveau d'une Église pure et respectueuse des vertus premières, c'était plus que le pape ne pouvait supporter.

Il avait donc excommunié le rebelle, sans que cela mît un terme à ses sermons, ni lui ôtât le soutien de la population. Le résultat avait même été contraire aux desseins pontificaux, puisque le mouvement de contestation lancé par le dominicain ne cessait de s'étendre.

En gravissant les marches de la chaire, Savonarole songea à la tête que ferait le pape lorsqu'il recevrait le compte rendu de son discours. Il ne put s'empêcher de frémir à cette délicieuse perspective. Parvenu dans le petit espace qui lui était imparti, il appuya ses mains sur le marbre sculpté plus de deux cents ans plus tôt par le ciseau exubérant d'Andrea Pisano. Sa voix grave s'éleva dans le silence de la nef :

— Mes bien-aimés en Jésus-Christ, commençons par remercier le Seigneur, qui a si souvent sauvé notre cité des nombreux périls qu'elle a affrontés.

Il fit une courte pause et en profita pour jeter un regard circulaire sur son auditoire.

— Mais il nous faut également L'implorer, car nous sommes aujourd'hui face à un danger infiniment plus grand que tous ceux contre lesquels nous avons eu à lutter par le passé.

Un frisson parcourut la foule.

— Oui, mes frères... Dieu a voulu nous punir de nos péchés et Il nous a envoyé une terrible menace. *Non veni mittere pacem, sed gladium*, a-t-Il dit : « Je ne suis pas venu amener la paix, mais le glaive. » La guerre frappe à nos portes et le roi de France veut nous y entraîner à ses côtés, alors que nous nous y refusons depuis plusieurs mois déjà. Florence doit vivre dans la paix et dans l'union si elle veut survivre aux temps cruels qui l'assaillent !

Annalisa et Teresa paraissaient hypnotisées par les paroles du moine. Guicciardini leur jeta un coup d'œil narquois. Il trouvait ce discours aussi pompeux que lassant, aussi entonna-t-il à voix basse une chanson où il était question de femmes nues et de gobelets d'alcool. Sans préavis, Teresa abattit sèchement sa main sur le crâne du garçon.

Outré que son humour ne soit pas apprécié à sa juste valeur, Guicciardini se renfonça contre le banc, ferma les yeux et commença à rêvasser. Les paroles de Savonarole lui paraissaient de plus en plus lointaines, comme si le moine se trouvait désormais dans une autre pièce.

— Je vous en conjure, mes frères, priez le Seigneur, afin qu'Il nous donne la force de combattre la guerre et de refuser aux Français ce qu'ils exigent de nous !

Guicciardini se mit à somnoler, malgré les accents féroces que prenait la voix du moine.

— Priez le Seigneur et apaisez Sa colère ! Bannissez le péché de vos vies et entrez dès cet instant dans la sainteté !

La foule reprit en chœur un « amen » tonitruant, qui fit presque trembler l'église, sans pour autant tirer le jeune homme de sa paisible torpeur. Son rêve préféré, celui d'une taverne emplie de poivrots reprenant en chœur ses chansons, s'était emparé de son esprit, en même temps qu'une expression béate se posait sur son visage.

Guicciardini fut tiré de son sommeil par le coup que lui assena le postérieur rebondi de Teresa lorsque celle-ci se releva. Tout surpris de ne pas retrouver la quiétude de sa salle d'étude, il contempla quelques instants les tableaux dont étaient recouverts les murs de la nef, effrayé par la piètre qualité des madones et des angelots qui l'entouraient.

Annalisa et Teresa arboraient un air satisfait, que Guicciardini, cette fois bien réveillé, reprit à son compte. Ils attendirent encore quelques instants que la nef se fût vidée de la plus grande partie de la foule, puis gagnèrent l'allée centrale.

— Quel moment merveilleux ! glapit Teresa, le visage rouge d'émotion, en se rattachant les cheveux.

— Ses paroles m'ont littéralement bercé, il n'y a pas d'autre mot ! renchérit hypocritement Guicciardini.

— Je ne m'attendais pas à une réaction aussi enthousiaste de ta part..., s'étonna Annalisa.

— J'avais des craintes infondées, ma chère. Mais j'ai enfin compris que la vie dissolue que j'ai menée jusqu'à présent était vouée à l'échec. À compter de ce jour béni, je jure de ne plus mettre les pieds dans le moindre endroit de débauche. J'ai même la ferme intention de consacrer ma vie à l'étude des Évangiles. Adieu, coquines et gueules de bois ! Tout cela appartient au passé désormais.

— Non, ce n'est pas vrai ! s'exclama Teresa avec

satisfaction, prête à dispenser Guicciardini des travaux de nettoyage qui l'attendaient.

— Bien sûr que non, nigaude, lui répondit le jeune homme en éclatant de rire, très fier de sa plaisanterie. Le seul effet que m'a fait ton moine adoré est identique à celui d'un cruchon de mauvais vin : aussi répugnant que soporifique !

Teresa le toisa d'un air hautain, menaçant de frapper. Guicciardini vit passer dans ses yeux un éclair meurtrier, aussitôt réfréné par le rapide calcul du manque à gagner que lui coûterait la perte d'un de ses plus fidèles clients.

— Imbécile ! se contenta-t-elle de dire.

Furieuse elle aussi, Annalisa se dirigea à grands pas vers la sortie. Penaud, Guicciardini la suivit, tandis que Teresa trottinait quelques mètres derrière. À peine la jeune femme eut-elle franchi le seuil de l'église que sa colère sembla s'évanouir d'un coup. Elle se précipita vers un vieillard appuyé contre un chêne plusieurs fois centenaire, mais néanmoins beaucoup plus vigoureux que lui.

— Mon oncle, vous êtes venu me chercher ! dit-elle en l'enlaçant avec tendresse.

— Comment pourrais-je manquer à ma parole ? Tu es ma nièce préférée, tout de même !

— Je suis votre seule nièce !

Faisant mine de ne pas avoir entendu, le vieil homme salua Guicciardini et Teresa.

— Cela fait bien longtemps que je ne t'ai pas aperçu à mes cours, Piero. Quand me feras-tu l'honneur de venir discuter de philosophie avec mes autres élèves ?

Le garçon lui adressa un sourire forcé.

— En fait, j'avais l'intention de venir ce matin. J'ai malheureusement été un peu retardé par la messe. Vous ne le savez sans doute pas, maître, mais la religion est devenue la principale passion de mon existence.

Bien décidée à ne pas laisser un tel mensonge impuni, Teresa lui porta un violent coup de coude dans l'estomac. Au bord de l'étouffement, Guicciardini se plia en deux de douleur. Marsilio Ficino contempla la scène sans intervenir. Le vieux philosophe appréciait à sa juste valeur le rôle que jouait Teresa dans l'éducation de ses jeunes élèves. Il savait que, sous ses abords rudes, elle leur vouait une réelle tendresse, proportionnelle à la violence des soufflets qu'elle leur assenait lorsqu'elle n'était pas satisfaite de leur comportement.

Il connaissait assez les délicats rouages de l'existence pour savoir que le rôle du pédagogue ne se limite pas à dévoiler les arcanes de la pensée platonicienne. Au fond, les leçons que délivrait chaque soir Teresa dans la moiteur de sa taverne valaient amplement ses cours. Il se souvenait avoir lui-même consacré bien des nuits à écluser les tavernes de Naples, près de cinquante ans plus tôt, du temps où il y étudiait ses humanités. Il s'y était beaucoup amusé, avait beaucoup bu, beaucoup vomi et appris plus encore.

Il avait malheureusement dû quitter précipitamment la capitale du royaume des Deux-Siciles, après qu'un mari un peu trop jaloux eut chargé deux brutes de lui rapporter ses testicules sur un plateau d'argent. Peu désireux de finir comme Abélard, Ficino s'était enfui, traînant piteusement sa mule chargée de livres au gré des maigres emplois de précepteur qu'il parvenait à trouver. Après avoir perdu presque cinq ans à éduquer les rejetons d'aristocrates de campagne désargentés, il avait compris qu'il lui fallait élever le niveau de ses ambitions s'il ne voulait pas moisir *ad vitam æternam* dans quelque bourgade perdue au milieu des Apennins.

Un soir d'hiver, il avait sorti sa liasse de diplômes de l'étui de cuir qui les protégeait. Il avait relu une dernière fois ces témoignages d'une existence jusqu'alors vouée à l'échec le plus total et les avait rageusement jetés dans l'âtre de la cheminée. Après les avoir regardés se consumer, il avait chargé sa mule et avait laissé la fortune le guider vers des cieux plus favorables.

Il avait cheminé au hasard des routes jusqu'à Florence, où il était arrivé en mars 1467. Il était parvenu à trouver un modeste emploi de commis dans la librairie d'Alfredo Palma, réputée pour être la mieux fournie de la cité. Au contact des livres, qui le consolaient pourtant d'un travail obscur et mal rémunéré, ses rêves de gloire semblaient s'être dissipés plus vite encore que le dernier souffle d'un pestiféré.

C'est dans cette boutique qu'il avait un jour rencontré Laurent de Médicis, qui venait régulièrement s'y approvisionner. Le chef de la puissante famille avait discuté toute la nuit avec cet employé, dont la vaste culture l'étonnait autant qu'elle l'émerveillait. Quelques semaines plus tard, le Magnifique avait fait de Ficino le précepteur de ses enfants. Au bout de six mois, il lui avait confié la responsabilité de la bibliothèque, où il conservait l'immense collection de manuscrits et d'incunables rassemblés grâce à un solide réseau d'espions, de commerçants bien informés et d'érudits chèrement soudoyés.

En quelques années seulement, Ficino était ainsi devenu un personnage puissant. Autour de lui se pressaient des philosophes, à l'image d'Argiropoulos, venu de Grèce pour enseigner aux fils des meilleures familles les mystères de la pensée d'Aristote, et aussi des artistes, tels Andrea Del Verrocchio, dont le *David* de bronze, racé et vigoureux, trônait dans le salon du palais des Médicis. Placé au centre de ce tourbillon d'intelligence et de talent, Marsilio Ficino avait savouré chaque instant de sa nouvelle existence. Les années s'étaient ainsi doucement écoulées, jusqu'à ce jour funeste de 1492 où Laurent de Médicis mourut.

Deux ans plus tard, son fils Piero avait été chassé du pouvoir par la populace, qui avait instauré une république en lieu et place du gouvernement médicéen. Un à un, les artistes réunis par Ficino avaient alors fui la ville, dépités de voir que l'argent public ne permettait plus de financer leurs travaux. Michelangelo Buonarroti était ainsi parti à Rome. Le vieux Verrocchio s'était exilé à Venise, où le Sénat l'avait couvert d'or, tandis que son meilleur élève, Leonardo, avait trouvé refuge à Milan, auprès de la cour des Sforza.

Les rares amis qui avaient décidé de rester étaient morts. Las de ne plus apercevoir dans la capitale toscane que de vagues souvenirs de sa grandeur passée, Pic était ainsi allé s'enfermer dans son château de la Mirandole et n'en était plus sorti que dans un cercueil. Bardo Corsi, qui n'avait cessé de pleurer la mort du Magnifique, dont il était le plus fidèle compagnon de beuveries, avait dépéri en quelques mois, ruminant sa hargne contre la république nouvelle.

L'un après l'autre, Ficino les avaient conduits dans le lieu de leur repos éternel. Sombre entre tous fut le jour où il avait accompagné Politien dans son ultime demeure, un simple caveau creusé dans la crypte de l'église Santa Croce.

Par malheur, malgré toutes ses prières, la mort n'avait

pas voulu de lui. En attendant qu'elle vînt enfin le cueillir, Ficino consacrait toute son activité à préserver les deux seules choses qui lui tenaient encore à cœur. La première était la Bibliothèque médicéenne, ultime relique de l'héritage de son vieil ami Laurent. La seconde était sa nièce Annalisa, qu'il avait recueillie à la mort de ses parents, quinze ans plus tôt, dans l'incendie de leur maison.

Annalisa allait désormais sur ses dix-huit ans. Ficino la chérissait comme une œuvre d'art, aussi en avait-il fait une jeune femme érudite, versée dans le latin comme dans le grec, et s'empressait-il de satisfaire chacun de ses désirs.

Il sourit en contemplant le brillant résultat de son éducation.

— Tu as toujours envie de venir chercher quelques livres à la Bibliothèque ?

— Plus que jamais ! Cela fait au moins une semaine que vous ne m'y avez pas emmenée !

— Alors, allons-y ! conclut gaiement le vieillard.

— Je vous accompagne, intervint Guicciardini, qui estimait sans doute moins l'intelligence du vieux philosophe que les formes parfaites de sa nièce.

Teresa s'interposa, faisant barrage de son corps entre le jeune homme et la perspective de passer un agréable moment en compagnie d'Annalisa.

Elle le toisa avec sévérité.

— Pas question, mon gaillard. N'oublie pas que tu as un travail de nettoyage qui t'attend. J'ai une taverne qui pue la pisse, moi !

Convaincu d'être le souffre-douleur d'un dieu particulièrement mesquin et désœuvré, Piero Guicciardini observa Ficino et sa nièce s'éloigner. Loin d'attendrir

Teresa, son air désespéré fit naître sur ses lèvres une moue impitoyable.

— Allez, au travail, mon garçon ! Si tu te dépêches, tu auras peut-être fini avant ce soir…

Avant même d'entrer dans la salle de lecture de la Bibliothèque, Marsilio Ficino eut l'étrange pressentiment que son antre avait été profané. Sa respiration se fit hésitante, tandis que le rythme des battements de son cœur s'accélérait dangereusement. La main sur la poitrine, il dut s'appuyer quelques secondes sur l'épaule de sa nièce pour ne pas s'effondrer au beau milieu de l'escalier.

Son corps fatigué lui avait déjà adressé de nombreux avertissements au cours des dernières années, et l'accumulation des deuils et des déceptions avait achevé de l'épuiser. Ficino se savait en sursis depuis que Corbinelli l'avait prévenu que le moindre choc pouvait le tuer.

Si ce qu'il redoutait se vérifiait, plus rien, pas même sa nièce, ne le retiendrait à la vie. La mort pourrait alors bien l'emporter, il n'en avait cure.

Dès qu'il franchit le seuil de la salle, il vit que la petite porte qui fermait la salle secrète avait été arrachée de ses gonds et jetée sur le sol. Affolé, il se précipita dans la pièce. C'était le saint des saints de la Bibliothèque, dans lequel seuls quelques rares initiés avaient l'autorisation de pénétrer, car les témoignages les plus précieux de la pensée florentine y étaient réunis. Ficino ne connaissait pas de plus grand plaisir que de feuilleter, de longues heures durant, les parchemins annotés de la main d'illustres écrivains toscans que le Magnifique avait patiemment rassemblés là.

Sans se préoccuper du reste, il se dirigea droit vers le joyau de la collection des Médicis, dont le bâtiment tout entier n'était en fait que l'écrin. Laurent l'avait déniché dans la collection d'un aristocrate mort en exil à Athènes. Il l'avait fait ramener par l'intermédiaire d'un marchand byzantin et le conservait jalousement dans un petit cabinet jouxtant sa chambre à coucher.

Lorsque Laurent le lui avait montré, Ficino avait manqué défaillir. Sa première réaction avait été de tomber à genoux pour remercier le Seigneur de ce don inestimable. Aussi, à la mort du Magnifique, avait-il discrètement subtilisé le livre, de peur que les fils du maître de la ville, aussi incultes que cupides, ne songent à le vendre au plus offrant. Depuis ce jour, le précieux manuscrit était entreposé dans la pièce de la bibliothèque réservée aux incunables, dont seul Ficino avait la clé. Les privilégiés qui en connaissaient l'existence se comptaient sur les doigts des deux mains, ceux qui avaient eu l'honneur de le feuilleter sur les doigts d'une seule.

Un regard suffit à Ficino pour constater que son trésor avait disparu. Affolé, il courut frénétiquement d'étagère en étagère, jetant pêle-mêle sur le sol tous les ouvrages qui lui tombaient sous la main, parfaitement conscient qu'il ne faisait ainsi que retarder l'inéluctable constat.

Au bout de deux ou trois minutes, il mit un terme à sa recherche. Le doute n'était plus permis : le manuscrit du *De monarchia* avait disparu. Il s'agissait du seul texte autographe de Dante Alighieri ayant échappé à l'incendie qui, un an seulement avant sa mort, avait détruit la demeure du plus grand poète que la terre toscane eût jamais porté.

Sans un mot, le vieil homme s'assit alors par terre au milieu des livres renversés et se mit à pleurer.

5

— Mais enfin, réfléchissez un peu, pourquoi vous obstinez-vous à refuser nos offres ?

Furieux, l'ambassadeur du roi de France s'était dressé face au gonfalonier, dont le visage était resté impassible. Aucun signe apparent ne trahissait chez lui l'extrême tension du moment. Tout juste avait-il esquissé un geste de surprise lorsque l'ambassadeur français s'était brutalement relevé du siège qui faisait face à l'imposant fauteuil tendu d'azur sur lequel il se tenait lui-même.

— C'est incompréhensible ! Mon maître est prêt à vous offrir des conditions extrêmement favorables. Que faut-il pour que vous deveniez enfin raisonnable ? Si vous persistez dans cette attitude négative, nous serons contraints de vous convaincre de manière moins... agréable, disons.

Le gonfalonier l'interrompit d'un geste las. Les yeux luisants de mépris, il le fixa longuement, puis sa voix s'éleva, solennelle :

— Allons, calmez-vous, cardinal. Il me semble que votre conduite frise les limites de ce que nous, Italiens, appelons politesse. À vous voir, il apparaît que Tite-Live n'exagérait guère lorsqu'il traitait vos ancêtres de barbares.

Assis à côté du gonfalonier, Malatesta parvint à grand-peine à réprimer un sourire.

Le cardinal de Saint-Malo dut se retenir pour éviter de prononcer les paroles cinglantes qui lui brûlaient les lèvres. La perspective de se faire conduire *manu militari* hors des frontières de l'État toscan et de devoir piteusement rentrer en France sans avoir rempli sa mission parut le calmer quelque peu.

Son visage fermé était empreint d'une dignité sévère qui s'accordait parfaitement avec ses traits distendus. Son corps rondelet, emmailloté dans la pourpre cardinalice, était caractéristique des prélats de la cour de Rome. Il se relâcha, tandis que son lourd postérieur s'enfonçait de plusieurs centimètres dans le coussin du fauteuil.

Il décida d'abattre sa dernière carte.

— Si cinquante mille ducats représentent une trop grosse somme, nous pouvons peut-être nous entendre sur quarante-cinq mille.

Voyant que le gonfalonier était toujours aussi impassible, il poursuivit, dans son italien hésitant :

— Bon d'accord, disons quarante mille. Mais je ne peux pas descendre plus bas.

Une intonation féroce gonfla cette fois la voix de Soderini :

— À vous entendre, Éminence, j'ai l'impression d'avoir devant moi un vulgaire marchand de tissus. Peut-être avez-vous des dispositions pour ce métier ? Si la carrière ecclésiastique vous pèse un jour ou que vous vous lassiez des privations et des jeûnes qui, d'évidence, sont votre lot quotidien, peut-être devriez-vous y songer.

À ces mots, un immense éclat de rire saisit toute la salle, dans laquelle, à l'exception de l'ambassadeur français et de ses deux aides de camp, ne se trouvaient que des Italiens.

Dans un coin de la pièce, Niccolò Machiavel, penché sur son pupitre, tentait de retranscrire ce vif échange en l'expurgeant des saillies les plus acerbes. Il considéra l'un après l'autre les huit membres de la signoria, le conseil chargé de seconder le gonfalonier dans les décisions importantes. À la droite de Soderini était assis Bernardo Rucellai, chargé de faire respecter les intérêts de la noblesse en compagnie d'Antonio Malegonnelle, son second, et de Gino Capponi, dont le sourire disgracieux se noyait sous un bouc très fourni.

Un peu plus loin se tenait Piero Parenti, élu par les corporations d'artisans, assis à côté de Gianni Corsoli, un usurier dont la bedaine énorme était secouée de spasmes lorsqu'il riait. En face, Francesco Gualterotti et Tommaso Valori, les représentants des masses populaires, joignaient exceptionnellement leurs rires à ceux de leurs adversaires habituels. Seule la sombre silhouette de Savonarole semblait en retrait, comme si le moine se refusait à participer à la curée avec les autres.

Les sièges des membres de la signoria étaient disposés en deux rangées parallèles, au centre desquelles avait été installée la délégation française, si bien que le cardinal de Saint-Malo put pleinement goûter le flot de sarcasmes qui pleuvait sur lui. Une rafale de flèches acérées n'aurait pu le blesser davantage, et l'effort manifeste qu'il faisait pour se contenir ne fit qu'accroître l'hilarité de ses hôtes.

Faisant preuve d'une maîtrise de soi inattendue, le prélat articula, les dents serrées :

— Je vous prie de cesser. Je n'ai pas traversé la moitié

de ce fichu pays pour me faire humilier de la sorte. N'oubliez pas qu'à travers moi, c'est mon roi que vous frappez. Si, comme représentant de Dieu, le pardon m'est aisé, je doute qu'il en aille de même pour mon maître.

Un simple coup d'œil du gonfalonier aux membres de l'assemblée fit immédiatement cesser les rires. Tous les visages redevinrent brusquement sérieux. La salle s'emplit d'un profond silence que Soderini, toujours soucieux de ses effets oratoires, mit quelques secondes à rompre.

— D'accord, Éminence, il est temps de jouer franc jeu. Vous nous proposez de garantir notre défense en échange de... de combien, déjà ? Ah oui ! Quarante mille ducats. Contre cette somme, votre maître s'engage à envoyer des hommes si nous sommes attaqués par un voisin trop gourmand. Mais il veut pouvoir compter sur notre soutien lorsqu'il attaquera le royaume de Naples et entend faire de Florence sa base arrière. C'est bien cela, n'est-ce pas ?

— Dans les grandes lignes, vous avez parfaitement résumé notre projet, Excellence.

— Il y a cependant une chose que je m'explique mal : pourquoi est-ce à nous de payer le roi de France ? Après tout, il y a réciprocité d'intérêts, dans l'affaire, non ?

— Oui, sans doute, à la différence que vous n'avez pas d'armée, si ce n'est quelques miliciens dépenaillés qui ne pourraient même pas défendre la vertu d'une pucelle. Tandis que nos troupes sont puissantes...

— Et composées pour moitié de mercenaires suisses et gascons ! le coupa Soderini.

— Il faut bien les payer, lui rétorqua sèchement le cardinal, et vous devez y contribuer si vous voulez notre protection.

— Allons, Éminence, vous savez fort bien que nous n'avons pas les moyens de vous donner une telle somme. Nous sommes en guerre depuis près de dix ans, et nos caisses sont vides. Et puis nous gardons encore en mémoire le dernier passage de vos troupes…

Le cardinal esquissa un geste de dépit, comme pour dire qu'il était vain de se retourner sans cesse sur le passé. Pourtant, il était déjà là, quatre ans plus tôt, quand les soldats du roi Charles VIII avaient stationné dans la cité deux mois durant. Lorsqu'ils étaient enfin partis, ils avaient laissé derrière eux une ville exsangue. Les habitants gardaient un souvenir cuisant de cette brève période. Ils n'avaient pas oublié que les couvents reculés des collines toscanes s'étaient soudain remplis de filles de bonne famille dont les parents voulaient éviter qu'elles ne servent de dessert aux soudards transalpins.

Guère désireux de s'appesantir sur ce fâcheux précédent, le cardinal revint à la charge :

— Réfléchissez bien, Excellence. Vous êtes pris entre deux feux : d'un côté il y a notre armée, de l'autre celle de l'empereur. Vous êtes juste au milieu. Vous ne pourrez pas éternellement rester neutre. Et puis il serait sage de…

Le gonfalonier ne lui laissa pas le temps de finir sa phrase. Il l'interrompit d'un ton irrité :

— Dites à votre souverain que ses propositions sont inacceptables pour nous. Malatesta, raccompagne Son Éminence, s'il te plaît.

Pris au dépourvu, le prélat bondit de son siège, aussitôt imité par ses aides de camp. Une sourde colère empourprait ses grosses joues. Essayant de garder contenance face à cet affront, il se dirigea vers la porte. Au moment de la franchir, il se retourna brutalement, bousculant Malatesta, qui trébucha et faillit tomber en arrière.

Le cardinal tendit un doigt boudiné en direction du gonfalonier :

— Prenez le temps de la réflexion. Mon maître vous laisse encore deux semaines pour songer à tout cela. Nous nous reverrons sans doute bientôt.

Sa dignité quelque peu restaurée, il quitta la pièce sans un mot de plus.

La sortie tonitruante du cardinal de Saint-Malo fit planer durant un bref instant un silence glacial sur l'assemblée. La fierté d'avoir ridiculisé l'ambassadeur français semblait désormais dominée par le sentiment d'avoir ouvert la voie à une menace encore vague, mais dont la perspective se révélait néanmoins effrayante.

Le premier à oser bouger fut Antonio Malegonnelle, qui se pencha vers Bernardo Rucellai et lui murmura quelques mots à l'oreille. Avec une lenteur calculée, ce dernier se releva en prenant appui sur les accoudoirs de sa chaise. De sa personne émanait une étrange aura, que l'on aurait difficilement imaginée chez ce vieillard desséché par les ans.

Durant de longues années, Rucellai avait été le seul aristocrate à oser tenir tête aux Médicis. Ignorant les menaces et dédaignant les honneurs, il les tenait pour de vulgaires usurpateurs.

Fort de cette opposition sans faille, il jouissait depuis la chute des Médicis d'une audience considérable dans la cité, mais n'avait jamais été élu gonfalonier. Toujours devancé aux élections par des candidats plus enclins aux compromis, il avait accumulé une haine tenace à l'égard des politiciens qui, comme Soderini, refusaient de choisir leur camp.

Rucellai ne manquait par conséquent jamais d'assener des coups bas au gonfalonier. La perspective de détenir la meilleure occasion qu'il ait eue depuis bien longtemps fit naître un rictus carnassier sur ses lèvres desséchées. Son corps opéra soudain une surprenante métamorphose. Comme tiré par un fil invisible, son dos voûté se redressa, ses épaules s'élargirent, ses mains déformées lâchèrent la chaise. Le vieil homme fatigué redevint en un instant le lutteur acharné qui avait toujours refusé de céder le moindre pouce de terrain à ses adversaires.

En même temps, pénétré d'une insoupçonnable énergie, son visage se tendit. Sa voix s'éleva dans la salle du Conseil, étonnamment puissante pour ce corps rachitique :

— Je m'étonne que vous vous permettiez de rejeter si vite les propositions du roi de France, Excellence. Nous sommes ses alliés depuis si longtemps qu'il me semble hasardeux de bouleverser cette stratégie sur un coup de tête. Il va falloir que nous choisissions notre camp. Retarder cet instant ne fait que réduire chaque jour un peu plus notre marge de manœuvre.

Ses yeux gris ne quittaient pas ceux du gonfalonier, qui comprit qu'il lui fallait briser au plus vite l'étau dans lequel était en train de l'enserrer son vieil ennemi. Celui-ci ne lui laissa pas le temps de réagir et poursuivit :

— Les Français partent du présupposé que nous n'avons pas d'armée digne de ce nom. Malgré vos dénégations, nul n'ignore ici la justesse de leur analyse. Ils savent que nous allons devoir négocier ; ce n'est qu'une question de temps. Plus nous attendrons et plus les conditions nous seront défavorables.

Rompu aux combats politiques, Rucellai savait que sa dialectique était imparable dans sa forme et ne pouvait manquer de recevoir l'approbation de la majorité des membres du conseil. Seuls Savonarole et ses partisans étaient en effet convaincus de la nécessité de rompre l'alliance. Quelques-uns des auditeurs hochèrent la tête, les autres préférèrent attendre la réponse du gonfalonier avant de dévoiler leur sentiment.

Machiavel bâilla d'ennui. Chaque fois qu'une occasion se présentait de mettre le gonfalonier en position délicate, la même discussion revenait. Soderini se sortait en général sans trop de dommages de ces assauts. Malgré tout, le secrétaire se sentait curieux de voir comment il allait s'en tirer cette fois-ci.

Soderini comprit que, s'il ne contrait pas sur-le-champ le raisonnement de Rucellai, il lui serait très difficile de prendre l'avantage. Il reprit la parole d'un air agacé :

— Il suffit, Rucellai ! Cela fait trente ans que vous utilisez les mêmes arguments oiseux. Au temps des Médicis, déjà, vous assuriez qu'ils n'étaient pas capables d'assurer l'indépendance de la ville…

— Et ils y sont parvenus uniquement parce qu'ils ne se sont jamais éloignés de la France. Le problème, Excellence, c'est que vous n'êtes visiblement pas capable d'assurer notre protection contre les menaces issues de nos propres murs.

— Qu'entendez-vous par là ? demanda Soderini, qui savait pourtant très bien ce que Rucellai allait dire.

— Le bruit court que l'Arno charrierait plus de cadavres que de barques ces temps-ci…

Rucellai fit une courte pause pour mieux contempler la stupéfaction des membres de l'assemblée. Heureux de son effet, il voulut pousser son avantage. Maintenant qu'il avait ferré le poisson, il ne voyait pas ce qui pouvait l'empêcher de lui sortir entièrement la tête de l'eau.

— On m'a dit qu'un paquet tout à fait étonnant a été repêché hier dans l'Arno. Est-ce vrai, gonfalonier ?

Rucellai insista sur le titre de son adversaire, dont les traits se contractèrent sous l'effet de la colère.

— Vous avez raison, admit Soderini, il n'y a aucune raison que le conseil ignore ce qui s'est passé. J'avais d'ailleurs l'intention d'aborder moi-même ce sujet. Il eût été miraculeux que rien ne filtrât dans notre bonne cité, si friande de ragots et de rumeurs…

D'un air détaché, il raconta les événements de la veille, en prenant soin de n'omettre aucun détail au moment de décrire le cadavre. Certains visages devinrent livides, mais tous supportèrent le récit avec une relative dignité. Le seul à réagir de manière violente fut Savonarole, dont le visage se tendit en une grimace de dégoût que personne, à l'exception de Machiavel, ne remarqua, et qui disparut aussitôt.

Le gonfalonier céda la parole à Malatesta.

— J'ai fait des recherches. Un seul peintre est porté disparu. Il se nomme Raffaello Del Garbo. C'est un artiste de bas étage, spécialisé dans les restaurations de fresques à faible coût. Il n'y a pas grand-chose à en dire… Il vivait seul. Pas de maîtresses, pas de dettes et pas d'ennemis. Pas d'amis non plus, remarquez. J'ai fouillé moi-même son atelier, sans rien trouver d'intéressant.

Le gonfalonier conclut la brève intervention de Malatesta par des mots choisis avec soin :

— Voilà, vous savez tout. J'espère que vous serez tous d'accord sur le fait que la dernière chose à faire serait d'affoler nos concitoyens. Le moment est mal choisi pour les voir perdre leur confiance en ceux qui les gouvernent, c'est-à-dire – je vous le rappelle – vous et moi.

Il réfléchit une seconde, avant de poursuivre d'une voix moins sereine :

— Je tiens à vous rappeler que notre bon peuple a le coup de hache facile lorsqu'il s'estime floué. Et je n'ai guère envie que ma tête roule sur la Piazza della Signoria, ne l'oubliez jamais.

Ses mots sonnèrent clairement comme une menace. Tous comprirent que Soderini n'avait pas l'intention d'être l'unique victime d'un éventuel soulèvement.

— Il y a quand même de quoi être inquiet, non ? intervint cependant Tommaso Valori, le principal conseiller de Savonarole. Un tueur rôde en liberté dans la ville et vous nous dites que nous ne devons pas nous inquiéter ! Il ne faudrait quand même pas que…

Une discrète pression de la main de Savonarole sur son avant-bras lui fit brusquement cesser sa diatribe. Il s'interrompit de mauvaise grâce en secouant la tête de dépit.

— J'espère que tout a été mis en œuvre pour retrouver l'assassin ! renchérit Gianni Corsoli, dont les énormes bajoues se balançaient d'avant en arrière lorsqu'il parlait. Qui sait si, en ce moment même, il n'est pas en train d'égorger d'honnêtes citoyens !

Connu tout à la fois pour son avarice et son absence totale de scrupules, l'usurier craignait en réalité qu'un excès de zèle du tueur ne le privât de clients potentiels. Il tenta néanmoins de masquer cette inquiétude sous un voile plus pudique.

— Vous avez été élu pour protéger les citoyens, non ? Alors agissez un peu et retrouvez ce maudit tueur ! C'est votre rôle, tout de même !

Le gonfalonier s'efforça de garder son calme, malgré l'irritation qu'avaient fait naître en lui les jappements hystériques de l'usurier.

— Calmez-vous un peu, Corsoli ! Depuis quand vous passionnez-vous pour la sécurité publique ? Tout le monde ici sait que vous êtes prêt à jeter à la rue une pauvre veuve si elle vous doit plus de dix sous, alors ne nous faites pas rire, s'il vous plaît.

Rouge de colère, le gros usurier se tut et se renfonça dans son siège en maugréant, le visage plus congestionné que jamais.

— Malatesta s'est déjà mis au travail pour tenter de découvrir l'identité du tueur. Mais, comme vous l'avez sans doute compris, il y a trop peu d'indices pour qu'il puisse travailler efficacement.

Des chuchotements montèrent dans la salle. Silencieux au milieu du vacarme croissant, Savonarole gardait la tête baissée. Lorsqu'il la releva enfin, ses yeux errèrent quelques secondes dans le vide et rencontrèrent ceux de Machiavel. L'espace d'une seconde, celui-ci crut y lire une lueur de profond désarroi, juste avant que le dominicain ne détourne son regard et que ses traits ne retrouvent d'un coup leur masque volontaire et confiant.

Nul ne semblait désireux de poursuivre la discussion. Satisfait, Soderini mit un terme à la réunion.

Par groupes de deux ou trois, les membres de la Signoria quittèrent la pièce et descendirent l'escalier en bavardant à voix basse. Antonio Malegonnelle atteignit en premier le vestibule et sortit du Palazzo Comunale sans s'attarder davantage. La marche était fermée par Gianni Corsoli qui, plongé dans un état de rare excitation, submergeait Piero Parenti d'un flot ininterrompu de paroles. Lorsqu'ils furent tous parvenus dans le vestibule, ils récupérèrent leurs manteaux les uns après les autres et poursuivirent leurs conversations hors du bâtiment.

Pendant ce temps, resté seul dans la pièce après le départ du gonfalonier, Machiavel s'affairait devant son pupitre. Il referma précautionneusement son écritoire et relut une dernière fois le compte rendu de la séance, avant de le placer tout en haut de la pile des feuillets à classer dans les archives. Il prit son manteau, descendit l'escalier qui menait au vestibule et soupira de soulagement lorsqu'il franchit enfin la porte du Palazzo Comunale.

Au moment où il sortait, il aperçut de l'autre côté de la place déserte la lourde silhouette de Gianni Corsoli, apparemment en grande discussion avec un individu dont il ne put distinguer les traits. Ils reconnut cependant la robe noire et blanche de Savonarole, surpris que le dominicain perde ainsi son temps avec un individu qu'il considérait comme un parfait imbécile.

Au bout de quelques instants, Corsoli commença à s'agiter, visiblement hors de lui. Son interlocuteur semblait au contraire très calme. Une minute plus tard, ce dernier s'éloigna soudain et se fondit dans la nuit, pendant que l'usurier continuait de pester. S'apercevant de l'inutilité de ses efforts, il cessa brusquement sa diatribe et disparut lui aussi au coin de la Piazza della Signoria.

Soucieux de rentrer chez lui au plus vite, Machiavel l'imita peu après. Lorsqu'il aborda la rue qui menait à la cathédrale, le profil replet de Corsoli le précédait de peu.

Constatant qu'ils empruntaient le même chemin, l'adolescent resta prudemment loin derrière.

L'un après l'autre, ils passèrent devant le Palazzo Pitti, puis l'usurier bifurqua vers l'Ospedale della Carità. Il s'arrêta quelques instants devant une catin qui lui proposait ses services, mais, jugeant sans doute le tarif démesuré, il continua sa route et tourna dans une petite ruelle.

Lorsque Machiavel pénétra à son tour dans le passage, Corsoli avait disparu. Soulagé d'avoir réussi à échapper à sa conversation, il hâta le pas. Le silence était interrompu seulement par le bruit du vent, qui agitait dans de sinistres grincements les enseignes des boutiques. Le froid, associé à la solitude du lieu, fit frissonner le jeune homme. Gagné par un étrange pressentiment, il accéléra encore l'allure.

Un hurlement terrifiant s'éleva tout à coup dans la nuit, déchirant l'air pendant d'interminables secondes. Machiavel n'osa pas bouger. Un frisson traversa ses mains, puis remonta le long de son échine. Sans réfléchir, il courut en direction du cri. Au bout de la ruelle, il tourna à droite, s'engagea dans une minuscule impasse et s'arrêta net, le souffle coupé.

Sur la lourde porte cochère d'une écurie gisait le corps rebondi de Gianni Corsoli. Un large pieu, profondément fiché dans le bois, lui avait traversé le cœur. Le plus surprenant était sans doute qu'il avait été soulevé de terre et que ses pieds pendaient dix bons centimètres au-dessus du sol.

Machiavel s'approcha prudemment du corps, mais regretta cette décision dès qu'il fut assez près pour distinguer le visage de l'usurier. Corsoli avait les traits déformés par la douleur. Sa bouche était tordue en une grimace où étonnement et souffrance se mêlaient affreusement.

L'adolescent comprit seulement au bout de quelques secondes ce qui donnait au visage de Corsoli cet aspect terrifiant. Par les deux trous béants qui remplaçaient ses yeux s'écoulait un épais liquide noirâtre.

Un bref coup d'œil dans l'impasse fit naître en lui un sentiment de malaise. Elle était fermée à son extrémité par l'arrière d'une maison, dont la première fenêtre se trouvait à plus de trois mètres du sol, sans que rien ne permît d'y grimper. À gauche, la porte de l'écurie empêchait tout passage, tandis que le mur de l'église Santa Maria Novella fermait le troisième côté.

Le fond du passage était immergé dans une obscurité quasi totale. Seule s'y dessinait la forme vague d'un tas d'ordures. L'assassin se trouvait probablement encore sur place, tapi derrière cette cachette de fortune.

Machiavel aurait été ravi que toute la ville résonne de ses exploits guerriers. Par malheur, ses faibles prédispositions en la matière lui avaient très vite fait préférer les lettres aux armes. Il entendait encore la voix geignarde de son maître d'armes se désolant de cet élève qui ne comprenait rien au maniement de l'épée. Il avait d'ailleurs définitivement cessé de s'obstiner dans cette voie lorsque, à quinze ans, battu par un gamin plus jeune de deux ou trois ans, il fut contraint de quitter l'entraînement sous les quolibets de ses camarades.

Aussi avait-il très vite troqué son plastron d'escrimeur contre une plume et un encrier, préférant les leçons que prodiguait Marsilio Ficino dans son académie, sans se douter qu'il aurait un jour ou l'autre à regretter cette décision.

Une branche mal dégrossie traînait par terre. En désespoir de cause, il se dit qu'elle ferait l'affaire. De toute manière, rien de ce qu'il pourrait trouver ne lui permettrait de se défendre avec de grandes chances de survie si l'assassin avait une épée ou même une dague.

Il s'avança prudemment en direction du fond de l'impasse, tenant devant lui son gourdin dérisoire, prêt à parer les coups. Il ne ressentait aucune angoisse, comme s'il était inconscient du danger.

Un craquement monta soudain sur sa droite, depuis l'intérieur du mur de l'église. Le bruit provenait en fait d'une alcôve, haute d'un mètre environ, qu'il n'avait pas aperçue de prime abord. Il s'agissait d'une simple niche, dans laquelle seul un enfant aurait pu se tenir debout.

— Qui êtes-vous ? Sortez de là, je vous préviens, je suis armé ! articula le secrétaire d'une voix mal assurée.

L'individu qui se tenait là ne fit pas un mouvement. Tout son corps était enveloppé dans un manteau sombre qui remontait jusqu'à son menton. Un large chapeau de feutre noir retombait sur son visage.

Déstabilisé par l'atonie de son adversaire, Machiavel se prit à regretter que celui-ci ne lui sautât pas dessus et ne l'obligeât pas à un bon combat viril.

— C'est mon dernier avertissement ! Attention, je ne suis pas du genre à retenir mes coups !

Ces menaces n'eurent pas plus d'effet que les précédentes sur l'étrange petit homme qui, parfaitement immobile, continuait à le fixer de ses yeux brillants. Comment un individu si petit aurait-il eu la force de soulever et de clouer Corsoli à dix centimètres du sol ? La réponse apparut brutalement à Machiavel dans toute son évidence : celui qui se trouvait devant lui n'avait pas agi seul.

Le secrétaire maudit sa stupidité et se retourna à l'improviste. Il n'eut même pas le temps de soulever son arme qu'une irrésistible force la lui arracha des mains. Un torse démesurément large lui bouchait toute la vue. Il tenta de repousser le colosse, mais un poing immense l'atteignit à la tempe. Un voile noir passa devant ses yeux et Machiavel glissa lentement dans la boue humide.

6

— Alors, demanda Annalisa d'une voix tremblante, comment va-t-il ?

Corbinelli fit mine de réfléchir, puis il déclara, d'un ton qui se voulait rassurant :

— Ne t'inquiète pas, ce n'est pas bien grave. Il a seulement une petite entaille sur le front. Dans une semaine, ce ne sera plus qu'un mauvais souvenir.

— Tu es certain qu'on ne peut rien faire de plus ?

— Absolument ! Il doit se reposer, rester quelques jours au lit et en profiter pour relire les traités des vieux stoïciens. En grec ancien, bien sûr...

— Cesse un peu de plaisanter, rétorqua la jeune fille d'une voix tranchante. Parfois, j'ai l'impression que tu es incapable de la moindre émotion.

— Ne te fâche pas, Annalisa. J'ai eu tort de te taquiner. Ton ami a juste pris un mauvais coup. Le corps est une machine imparfaite, mais Niccolò est jeune et le sien fonctionne parfaitement. Dis-lui de prendre un peu de repos, c'est le seul conseil médical que je puisse te donner.

Annalisa redressa la tête et sécha ses pleurs avec la manche de sa robe. La tristesse rendait son visage plus beau encore. Ses cheveux, longs et délicatement ondulés, coiffés d'ordinaire avec science, s'accommodaient parfaitement du désordre qui s'en était emparé.

Rarement femme aura été si belle à Florence, se dit en lui-même le médecin. La seule image qui lui vint à l'esprit fut celle des figures des tableaux de Botticelli. Il se souvint que la mère d'Annalisa avait justement servi de modèle à ce dernier lorsqu'il avait dessiné le visage fin et voluptueux de sa Vénus.

Honteuse de s'être emportée à tort, la jeune fille contempla piteusement le médecin.

— Oh, excuse-moi, Girolamo ! Je ne sais pas pourquoi je t'ai dit des choses si blessantes. Au fond tu dois être aussi inquiet que moi, mais tu n'oses pas le montrer. Je suis désolée...

— Ce n'est rien. Écoute, je vais te laisser Marco pour quelques jours. Il préparera des décoctions qui permettront à ton cher Niccolò de retrouver plus rapidement ses forces.

— D'accord ! proclama le gamin. Ça m'évitera au moins d'aller faire la pêche aux cadavres avec Deogratias !

Annalisa secoua la tête en signe de refus :

— Ce n'est pas la peine. Tu seras plus utile avec Girolamo. Si tu restes ici, tu vas passer ton temps à distraire Niccolò et il se fatiguera encore plus.

Le visage de Marco s'éclaira de son sourire le plus enjôleur. Constatant que, contre toute attente, Annalisa résistait à ses charmes, il opta pour une autre tactique. Son visage redevint soudain celui d'un petit enfant et ses yeux s'emplirent de larmes.

— S'il te plaît, Annalisa… J'en ai tellement envie !

— C'est bon, tu peux rester…, consentit la jeune fille, vaincue par son air angélique. Mais je ne veux pas t'avoir dans mes pattes toute la journée !

— C'est promis.

— Te voilà chargé d'une lourde responsabilité, conclut le médecin. Je compte sur toi pour protéger Niccolò des assassins qui rôdent en ville, ainsi que des soins trop attentionnés de certaines jeunes filles.

Fier de son nouveau statut, le gamin bomba le torse et tira la langue à Annalisa pour lui montrer avec quelle facilité il l'avait roulée. Il ne put cependant échapper aux doigts de la jeune femme, qui tira son oreille jusqu'à ce que de véritables pleurs, cette fois, envahissent ses yeux.

— La première règle à appliquer, renchérit Guicciardini, est de ne jamais se moquer d'une femme amoureuse et inquiète. Ces deux états contradictoires la rendent agressive.

Marco le toisa avec dédain.

— Ça ne risque pas de t'arriver ! Même si on la payait, pas une femme de la ville ne se risquerait à t'approcher de trop près !

Guicciardini fit mine de se jeter sur l'enfant qui, terrifié, se recroquevilla dans un coin.

— Fais encore une remarque de ce type et je te confie aux bonnes œuvres du tueur.

Tandis que les deux garçons se chamaillaient, Machiavel gémit doucement. Annalisa lui passa une éponge humide sur le front.

— Oh ! J'ai mal…, gémit le blessé en touchant le bandeau ensanglanté qui lui enserrait la tête. J'ai l'impression d'avoir une pastèque trop mûre à la place du crâne…

— Bienvenu dans le monde des vivants ! fit joyeusement Guicciardini. Tu nous as fait peur, mon vieux !

— Tout le monde a cru que tu étais mort quand le guet t'a retrouvé allongé à côté du cadavre, renchérit Marco. Tu l'as échappé belle ! Raconte-nous ce qui s'est passé.

À l'instant où le blessé s'apprêtait à entamer son récit, la porte de la chambre s'ouvrit sous la pression d'une poigne aisément reconnaissable. Teresa fit une entrée tonitruante dans la pièce, suivie de près par Marsilio Ficino, que Deogratias était allé arracher aux entrailles de la Bibliothèque médicéenne.

— Tu n'avais pas l'intention de raconter ton histoire avant que nous ne soyons tous là, quand même ? brailla Teresa en guise de salut. Allons, Niccolò, te voilà au lit pour une malheureuse blessure qui saigne à peine ? Vraiment, la jeunesse n'est plus ce qu'elle était. De mon temps, on buvait un petit remontant, on recousait tout ça et on n'en parlait plus !

Tout le monde rit de bon cœur, y compris Machiavel, d'autant plus réjoui que l'abondante matrone déposa sur le lit un panier abondamment garni.

— Qu'est-ce que c'est ?

— Une bonne assiette de minestrone te requinquera plus vite que les remèdes de bonne femme de Corbinelli. J'ai rajouté à tout hasard une petite fiasque de *grappa*. Ça réveillerait un mort !

Cette malencontreuse remarque jeta un froid sur l'assemblée. Teresa n'y prit pas garde et poursuivit :

— En échange, je veux que tu me dises ce qui t'est arrivé.

Machiavel consentit de bonne grâce à leur raconter en détail sa mésaventure, l'entrevue avec l'ambassadeur du roi de France et la violente discussion qui s'était ensuivie, avant de conclure sur le cadavre trouvé dans l'Arno.

Marsilio Ficino ne put s'empêcher de tiquer en entendant le nom de la victime.

— Attends, Niccolò, je connais ce nom. Je suis certain de l'avoir déjà entendu, mais je ne sais plus quand.

Il prit un air piteux.

— Voilà ce qui arrive quand on vieillit... Je ne suis plus bon à rien. Il est grand temps que j'aille me reposer là-haut !

Annalisa l'enlaça et lui baisa le front.

— Allons, mon oncle, ne dites pas de bêtises !

L'accès de tendresse de sa nièce permit au vieux philosophe de retrouver provisoirement une partie de sa contenance, mais ses yeux reflétaient l'immense tristesse qui l'avait envahi.

— La mémoire est la dernière chose qui demeure lorsque tous nos vieux idéaux sont morts. Que nous reste-t-il si elle nous quitte aussi ?

La jeune femme ne laissa pas l'atmosphère s'appesantir davantage.

— Il est quand même étonnant qu'ils ne t'aient pas tué, Niccolò. Tu pourrais les reconnaître.

— Je ferais un bien piètre témoin. L'un est tout petit, l'autre a la même carrure que Deogratias... Je n'en sais pas plus.

— Tu n'as pas à t'en vouloir, intervint Ficino. Tu t'es montré plus courageux que beaucoup de nos concitoyens en pareil cas.

— Et je me suis fait piéger comme un parfait imbécile !

— Allons, n'exagère pas, reprit le vieil homme. Il est

bien difficile de toujours accorder les événements à sa volonté. L'essentiel est que tu en sois sorti vivant.

Ficino avait recueilli Machiavel lorsque ses parents avaient été assassinés à Pise. L'enfant n'avait alors que sept ans. Le philosophe lui avait offert une chambre chez lui, avant de lui faire profiter, quelques années plus tard, des leçons particulières qu'il dispensait à sa nièce.

De deux ans plus âgé qu'Annalisa, Niccolò conservait un souvenir ému de ces après-midi passés dans la Bibliothèque médicéenne. Les deux orphelins s'étaient tout de suite parfaitement entendus, car ils partageaient le même goût pour les vieux manuscrits poussiéreux et les histoires d'ogres qui dévorent les princes trop charmants.

De cette intimité était né un attachement réciproque qui dépassait de loin la simple amitié. Tout au fond de lui, Ficino espérait depuis de longues années connaître la joie de voir Annalisa épouser son cher Niccolò. Il savait que, ce jour-là, son bonheur serait complet.

— Comme d'habitude, reprit-il, la *vox populi* s'est chargée de répandre la nouvelle de ton agression aussi vite que les nuées de sauterelles se sont abattues sur l'Égypte, n'est-ce pas, Ciccio ?

L'adolescent joufflu prit un mine offusquée qui ne trompa personne. Une discrète rougeur gagna ses joues tandis qu'il essayait de détourner la conversation :

— Ne faudrait-il pas avertir Malatesta de la disparition du manuscrit ? Après tout, nous sommes les seuls à être au courant du vol. Peut-être est-il lié aux meurtres ?

— Je doute que ce soit une bonne idée. Très peu de gens savaient que ce livre était en ma possession. Beaucoup de nos concitoyens m'en voudraient d'avoir si mal protégé un tel monument de notre culture.

— Je vous avais pourtant dit de ne pas le garder dans cette pièce, mon oncle. Vous auriez dû vous méfier un peu plus !

— Que veux-tu, Annalisa... Je n'ai pu résister au plaisir de l'avoir toujours près de moi. J'ai péché par gourmandise, comme dirait ce bon Savonarole. Lui qui est si attentif à la pureté de notre âme serait bien mécontent de moi.

— On ne peut pas revenir sur le passé, dit Machiavel. Le meilleur moyen de remettre la main sur le livre est de trouver ce qui relie ces trois affaires. Cela nous permettra peut-être aussi de comprendre pourquoi les tueurs m'ont épargné.

Le menton dégoulinant de soupe, Marco grimaça et dit :

— J'ai comme l'impression que ce n'est pas gagné d'avance. Comment va-t-on s'y prendre pour retrouver ce bout de papier ?

— Ne parle pas comme ça du manuscrit de Dante, le gronda Annalisa. Girolamo ne t'a donc pas appris à respecter notre plus grand poète ?

— La seule poésie qu'il connaisse, c'est celle du couteau qui glisse en sifflant sur le tibia du type qu'il désosse. Et c'est pire encore lorsque Deogratias récite !

Le médecin fit mine de se vexer, mais sourit aussitôt, heureux que l'enfant soit parvenu à détendre l'atmosphère. Il profita de la diversion pour interroger Teresa.

— Raffaello Del Garbo, ça te dit quelque chose ? D'après Malatesta, il fréquentait assidûment les tavernes. Or, comme la tienne est la plus réputée de la ville, je me disais que tu pourrais sans doute nous aider...

Rougissant sous le compliment, la grosse femme réfléchit quelques instants.

— Attends, Del Garbo, dis-tu ? Le nom m'est inconnu, mais j'ai un peintre qui vient presque tous les soirs... Un gars un peu fluet, pas très grand ?

— Vu ce qu'il restait du corps quand il m'est parvenu, je n'ai aucune idée de sa corpulence, soupira Corbinelli. Il n'était pas particulièrement massif, en tout cas.

— Si c'est lui, ça fait un moment que je ne l'ai pas aperçu.

— Quand est-il venu pour la dernière fois ?

— Il y a une semaine environ, peut-être deux... Pas plus, en tout cas. Je m'en souviens très bien, parce qu'il était beaucoup plus bavard que d'habitude, ce soir-là. Il semblait tout excité. Il était sur le point de terminer une grosse commande, quelque chose d'exceptionnel.

— Sais-tu où il habitait ?

— Dans la Via dei Maestri. Son atelier se trouve tout au bout. Vous ne pourrez pas le manquer.

— Parfait, nous irons lui rendre une petite visite. Peut-être y trouverons-nous quelque chose d'intéressant.

— Alors je propose que tout le monde aille se coucher, conclut Annalisa. Nous avons assez veillé comme ça. Dieu sait quelles nouvelles catastrophes nous attendent demain !

Le lendemain, Piero Guicciardini parvint à se lever de lui-même à une heure raisonnable. Rassemblant tout son courage, il s'avança dans l'épais brouillard qui, depuis deux mois, semblait ne pas vouloir abandonner la capitale toscane et alla chercher Machiavel.

Par principe, Annalisa tenta de s'opposer à ce que le secrétaire, encore faible, participe à la fouille de l'atelier. Elle dut cependant céder face à sa volonté de ne pas manquer une aventure qui s'annonçait infiniment plus palpitante qu'une matinée au lit. En retour, les deux garçons interdirent à Annalisa de les accompagner. Elle se vengea en les obligeant à sortir emmitouflés jusqu'au nez dans d'épais manteaux de laine.

Ils atteignirent une dizaine de minutes plus tard la Via dei Maestri, la ruelle traditionnellement impartie aux artistes. Délaissée par la plupart des peintres et sculpteurs de renom, elle n'abritait plus que des artisans de seconde, voire de troisième zone.

L'atelier de Raffaello Del Garbo était une échoppe étroite, enfoncée dans un recoin sombre. La façade délabrée témoignait à elle seule de la faiblesse de ses revenus. Le crépi avait disparu sur de larges pans, lui donnant l'apparence d'un taudis de lépreux. Au premier étage, l'unique fenêtre avait perdu l'un de ses volets. L'autre, retenu par un seul gond, menaçait de se détacher à chaque instant. Tout dans l'aspect de cette masure respirait la médiocrité d'une vie pitoyable, sans ambition, ni talent. Machiavel frissonna intérieurement devant ce témoignage pathétique d'une existence faite de misère et de frustration.

De loin, rien n'indiquait que la maison avait été le cadre d'une tragédie. Sans s'inquiéter, les garçons s'avancèrent droit vers la porte d'entrée. Ils se trouvaient à quelques pas lorsqu'un mince rayon de soleil parvint à percer les nuages. Leur attention fut soudain attirée par un bref scintillement. Noyé dans l'ombre, un soldat montait la garde, lance au poing.

D'un discret hochement de tête, Machiavel indiqua à son ami de poursuivre son chemin sans s'arrêter. Parvenus au bout de la ruelle, ils s'engagèrent dans un passage parallèle et pénétrèrent dans une petite cour, où s'entassaient des monceaux de peaux tannées.

— Il ne manquait plus que Malatesta mette un garde devant la porte ! grimaça Guicciardini.

— Il espère probablement que les coupables reviendront sur les lieux du crime.

— On ne peut tout de même pas rester là sans rien faire !

— Il doit y avoir une entrée par-derrière. Essayons de l'atteindre en passant de cour en cour.

— C'est parti ! glapit Guicciardini, provoquant la fuite éperdue d'un couple de rats dissimulé sous les peaux.

— Et en silence, pour une fois ! le reprit Machiavel, furieux du manque de discrétion de son ami.

Ils parvinrent là où ils le souhaitaient au bout de cinq minutes d'efforts. La décrépitude du lieu rappelait celle de la façade. Partout gisaient des ordures, avec lesquelles Del Garbo avait conçu une savante composition, faite de légumes pourris et de fruits avariés. Pas un centimètre n'était épargné par cette accumulation nauséabonde.

— C'est étrange, mais cette cour me rappelle vaguement ta salle d'étude, Ciccio. En moins sale, néanmoins…

— Très drôle ! Seulement, vu l'odeur, elle devait servir de latrines en même temps que de dépotoir. Or je ne défèque pas dans ma pièce préférée.

— C'est bien la seule chose que tu n'y fais pas, alors !

— Tes sarcasmes ne peuvent m'atteindre, tant mon âme est pure. N'oublie pas que la religion est devenue le miel de mon existence !

— Est-ce que ta piété nouvelle t'interdit de pénétrer illégalement dans l'atelier d'un mort ?

— Non, mais elle m'interdit par contre de voler la gloire qui revient à mes amis. Tu as férocement combattu l'ennemi, un gourdin à la main, c'est donc à toi que revient l'honneur de mettre le premier les pieds dans les immondices. Vas-y, et je chanterai tes exploits dans toutes les tavernes de la ville !

Rassemblant ses réserves de courage, Machiavel s'élança. Une violente odeur d'urine remonta jusqu'à ses narines lorsqu'il posa le pied sur le sol. Il eut un haut-le-cœur, tandis que Guicciardini, perché en haut du muret, exprimait bruyamment sa joie :

— Si Annalisa était là, peut-être comprendrait-elle enfin lequel de nous deux est le plus raffiné !

— Ferme-la, Ciccio !

— Ne sois pas jaloux, Niccolò. Tu ne peux pas rivaliser avec mon charme viril ! Et puis je n'aime pas ton nouveau parfum. Un peu trop musqué, peut-être...

N'y tenant plus, Machiavel agrippa la jambe de son ami et la tira vers lui de toutes ses forces. Guicciardini n'eut même pas le temps de crier qu'il se retrouva assis au beau milieu du tas d'ordures en décomposition.

Tout crotté, il se redressa, hors de lui :

— C'est malin ! Des chausses que j'ai fait laver il y a moins d'un mois et qui devaient me faire encore six semaines au moins ! Quel gâchis !

— Ça t'apprendra à tenir ta langue !

— C'est à chaque fois la même chose ! Je dois toujours finir par me taire, au bout du compte ! geignit Guicciardini.

Machiavel ne prit pas la peine de répondre et se mit prudemment en marche. Son comparse le suivait tant bien que mal, sursautant à chaque fois qu'un rongeur, dérangé au cours de son festin, s'enfuyait en frôlant ses bottes.

La porte n'était pas verrouillée. Sur leur gauche, un escalier délabré menait à l'étage. Devant eux s'ouvrait la pièce principale, dans laquelle pinceaux et toiles s'entassaient en un désordre effrayant. Le sol et les murs étaient couverts de larges traînées de peinture, qui avaient formé des concrétions semblables à des coulées de lave multicolores.

Le désordre était tel qu'il était impossible de savoir si quelqu'un avait fouillé la pièce avant eux. À supposer que ce fût le cas, l'ampleur de la tâche avait tout pour décourager les hommes de Malatesta.

Un seul espace était épargné par cet invraisemblable entassement d'objets. En son centre, frappé par les rares rayons lumineux qui parvenaient à franchir l'épaisse couche de crasse accumulée sur les vitres, trônait un tableau. Au pied du chevalet se trouvaient encore le pilon utilisé pour écraser les pigments, ainsi qu'une palette recouverte de peinture séchée.

Guicciardini s'engagea prudemment dans l'escalier. L'une après l'autre, chacune des marches ployait sous son poids mais, par un étonnant miracle, aucune ne céda. Parvenu en haut, il jeta un coup d'œil à la minuscule chambre. Il n'y vit aucune trace de lutte.

Il redescendit aussitôt et alla droit au tableau. Il se servit d'un tissu crasseux ramassé sur le sol pour envelopper la toile. Son paquet sous le bras, il sortit.

— Je n'ai pas fait tous ces efforts et marché dans la merde pour repartir les mains vides. Je l'ajouterai à tous les trophées qui ornent ma salle d'étude.

Sans laisser à son ami le temps de lui faire le moindre reproche, il reprit.

— Il est mort, Niccolò. Ce tableau sera brûlé avec le reste si on le laisse là. En plus, dis-moi, qui voudrait d'une croûte pareille ?

Machiavel savait que son ami ne céderait pas. Et puis le tableau ne manquerait à personne, après tout. Il passa dans la cour voisine et fit signe à Guicciardini de lui passer la toile. Au moment où celui-ci s'exécutait, la porte principale s'ouvrit avec fracas. Des voix furieuses s'élevèrent de l'atelier, tandis qu'on grimpait l'escalier quatre à quatre.

Affolé, Guicciardini se hissa comme il put sur le muret. Il se trouvait à la hauteur de la chambre de Raffaello Del Garbo. Ce qu'il vit à travers la fenêtre le fit blêmir.

Deux yeux très clairs le fixaient froidement à travers le carreau. Sans se soucier de ce qui l'attendait en bas, il se jeta dans le vide.

7

L'effet que produisait la Madone dans la salle d'étude de Piero Guicciardini était saisissant. Appuyé contre la bibliothèque, le tableau suffisait à bouleverser l'atmosphère de la pièce. Machiavel fut frappé par le rayonnement de la toile, isolée au milieu d'une saleté dans laquelle le plus répugnant des hôtes de l'enfer se serait vautré avec bonheur.

— Une image pieuse chez toi, on aura tout vu ! Cela dit, ce n'est pas vraiment surprenant ; tu sembles devenu encore plus bigot que Teresa depuis que tu as eu la chance d'assister à l'un des sermons de Savonarole !

Voyant que sa phrase ne provoquait pas l'effet escompté, il ajouta :

— Le mieux serait peut-être de brûler tout ce qui l'entoure et de ne garder que le tableau. Le contraste serait moins frappant.

Guicciardini grimaça sous les assauts de son ami, même si, au fond, il était plutôt fier que soit célébré ainsi son sens inné du désordre. Un fêtard comme lui se devait d'être entouré d'une aura légendaire et l'aspect de son intérieur y contribuait grandement. Par principe, il lui rendit néanmoins la politesse :

— Tu es très drôle, aujourd'hui, que t'est-il arrivé ? Le Seigneur t'aurait-Il enfin doté du sens de l'humour ? Tu semblais moins en verve lorsque tu avais de la merde jusqu'aux genoux, tout à l'heure.

— Allons, Ciccio, ne te vexe pas ! Je suis surpris de voir cet éclair de sainteté dans ton antre, c'est tout…

Guicciardini se laissa tomber sur un fauteuil, dont les pieds vacillèrent sous son poids.

— D'accord, j'arrête… Mais ne va surtout pas dire à ma mère que j'ai cette *Annonciation* chez moi. La pauvre femme risquerait de croire que ses prières ont été exaucées. Nul ne doit savoir que je possède cette croûte. Cela pourrait nuire à la réputation que j'ai eue tant de mal à établir.

— Pourquoi as-tu absolument tenu à la rapporter ici alors ?

— Je ne sais pas vraiment. Je me suis dit que c'est la seule chose qui restera de lui quand son atelier aura été vidé et que tout ce qu'il contient sera brûlé. Tu sais, au fond, je suis trop sentimental.

L'*Annonciation* était d'une facture parfaitement classique. C'était une copie presque conforme de celle que Melozzo da Forlì avait peinte neuf ans plus tôt pour l'église Santa Annunziata. Une main posée sur le livre qu'elle était en train de lire, la Vierge tendait l'autre vers l'ange agenouillé devant elle. Dans un mouvement sensuel, ses doigts frôlaient ceux de l'envoyé divin. À l'arrière-plan, Del Garbo avait représenté une bourgade perchée sur une colline, ainsi que quelques arbres entre lesquels coulait un ruisseau. À l'exception du visage de la Madone, seulement esquissé, le tableau était achevé.

— Elle n'est pas si mauvaise que ça, cette toile, déclara Machiavel. Un peu maladroite, peut-être…

Guicciardini s'approcha du tableau et l'observa durant une bonne minute avant de se prononcer :

— Bien sûr, l'ange a une tête un peu grosse par rapport à son corps. Sans parler des mains de la Madone, qui n'ont rien à envier aux battoirs d'une lavandière. Mais ça ne suffit pas à justifier l'impression de fausseté que dégage ce tableau.

— Si je peux me permettre, je crois savoir ce qui vous perturbe.

Derrière eux s'était élevée la voix de Deogratias, pourvue de l'intonation tantôt rauque, tantôt sifflante qui la caractérisait. Si concentrés qu'ils ne l'avaient pas entendu entrer, les deux jeunes gens se figèrent de surprise. À moitié caché par le dos du colosse, Girolamo Corbinelli observait son serviteur avec curiosité.

— Je vais essayer de vous expliquer ça simplement. L'essentiel, dans un tableau, tient à sa structure générale. La clé de la réussite d'une œuvre réside donc avant tout dans la mise en relation des différents éléments de la composition.

Machiavel et Guicciardini le contemplèrent avec étonnement, soufflés d'entendre Deogratias s'exprimer autrement que par onomatopées. Qu'il soit capable de formuler une phrase si longue était une révélation pour eux. Corbinelli arborait un large sourire de satisfaction.

— Ici, c'est la disposition des composantes du tableau les unes par rapport aux autres qui pèche. D'habitude, dans une *Annonciation*, toutes les lignes de force se rejoignent sur le visage de la Vierge. Le peintre concentre ses efforts sur cet élément. Si le visage de la Madone est expressif, le tableau sera réussi. S'il est raté, rien ne pourra le rattraper.

Peu habitué à disserter aussi longuement, il reprit son souffle.

— Dans le cas présent, le visage n'est pas terminé, mais là n'est pas le problème. En fait, cet inachèvement ne fait que rendre plus évident ce qu'a voulu faire Del Garbo.

Deogratias se baissa et ramassa un bout de ficelle coincé sous un quignon de pain moisi. Il le coupa en six morceaux, qu'il fixa à l'arrière du châssis et tendit sur la toile. Toutes les cordelettes convergeaient en un point situé à quelques centimètres à peine au-dessous du visage de la Madone.

— Je matérialise ainsi les lignes de perspective. Observez attentivement l'endroit où elles se croisent.

— Voilà pourquoi le tableau nous semblait mal construit ! s'exclama Machiavel. C'est ce point sur sa poitrine qui attirait notre œil. Crois-tu que Del Garbo était assez mauvais pour faire une telle erreur ?

— Je suis au contraire convaincu que la perspective est parfaite.

— En conclusion, tu essaies de nous dire que Del Garbo n'a pas voulu mettre en valeur la Vierge, mais ce bijou agrafé sur son corsage ?

— Parfaitement.

— Mais pourquoi a-t-il fait ça ?

— Sans doute voulait-il laisser un indice. Une fois le tableau achevé, il aurait été beaucoup plus difficile de s'en rendre compte. Le regard aurait été attiré par le visage de la Madone, à peine un peu plus haut, plutôt que par ce problème de perspective. Nous avons pu nous en rendre compte facilement parce qu'il est mort sans avoir pu finir son œuvre.

— C'est une sorte de camée antique, dit Guicciardini en collant son nez au tableau. Il y a bien une inscription, mais les lettres sont illisibles.

Corbinelli eut une idée soudaine.

— Piero, peux-tu aller chercher l'objet que je t'ai prêté il y a quelques mois et que tu as oublié de me rendre depuis ?

Guicciardini rougit et bafouilla quelques mots d'excuse :

— Oui, bien sûr… J'allais te le ramener, tu sais… Bon Dieu, où est-il ?

Il se mit à fouiller la pièce, renversant les piles de feuillets et retournant les vêtements qui traînaient sur le sol. Au bout de quelques instants d'efforts, il trouva enfin ce qu'il cherchait.

— Le voilà !

— Merci. Mon ami Leonardo s'est rendu compte que je n'y voyais plus comme avant, alors il m'a fabriqué cet objet. Ce simple morceau de verre poli agrandit tout ce sur quoi on le pose. Qui veut déchiffrer le texte ?

Guicciardini se précipita vers lui, mais Deogratias interrompit le geste du jeune homme.

— Maître, est-ce bien raisonnable de confier une tâche si importante à Ciccio ?

Guicciardini lui signifia par une grimace qu'il se passait fort bien de remarques aussi perfides. Machiavel en profita pour s'emparer de la loupe et se pencha sur le tableau.

— Cet objet est miraculeux ! Je vois les lettres presque aussi bien que si elles avaient une taille normale !

— Del Garbo avait dû s'en procurer un semblable,

mais j'ignore comment. Peu de gens en connaissent l'existence.

Incapable de dissimuler plus longtemps son impatience, Guicciardini trépignait.

— Dépêche-toi de nous lire ce qui est écrit, Niccolò !

— Ne t'énerve pas ! Je fais ce que je peux...

Au bout de quelques secondes, il finit par se retourner, l'air dubitatif.

— Je ne comprends pas. Del Garbo n'a écrit qu'un seul mot : « Boccadoro ».

Guicciardini lui arracha la loupe des mains.

— Ça ne veut rien dire. Donne-moi ça !

Il s'accroupit à son tour face au tableau, et rendit presque aussitôt le disque de verre à Machiavel.

— Tu avais raison, dit-il en rougissant. *Bocca d'oro*... Bouche dorée ? Qu'est-ce que c'est ? Le nom d'une ville ?

— C'est un surnom, intervint Deogratias.

— Qu'est-ce qui te fait croire ça ?

— Je suis bien placé pour savoir reconnaître un surnom. Tu connais mon vrai prénom ?

Guicciardini secoua la tête et esquissa un vague geste d'excuse.

— Ce doit être une femme, j'imagine, ajouta le serviteur.

— Dans ce cas, suggéra Machiavel, il nous faut un spécialiste. Et j'en connais justement un.

— Boccadoro ? Bien sûr que je sais qui c'est !

Tout en parlant, Vettori épousseta du revers de la main son pourpoint de velours vert. Comme toujours, il était tiré à quatre épingles et impeccablement coiffé. D'un geste machinal, il ne put cependant s'empêcher de passer les doigts dans ses cheveux blonds.

Malgré les boutons qui lui dévoraient le visage, il se croyait assez beau garçon pour susciter le désir de n'importe quelle jouvencelle. À son grand désespoir, il attirait plutôt la convoitise des femmes de soixante ans que de celles de vingt. Il se consolait en jetant des regards lubriques à toutes les jeunes filles qui passaient à sa portée.

Cette stratégie lui ayant surtout valu quelques cris effarouchés, il essayait d'accroître son efficacité en allant chaque jour allumer en cachette une douzaine de cierges. Devant le manque flagrant de résultats, il commençait à remettre en question la capacité du Seigneur à influer sur le jugement – d'évidence faussé par quelque esprit malin – de la gent féminine.

— Ne nous fais pas attendre, Francesco. Qui est-ce ?

— Messieurs, je propose que vous commandiez à boire. J'ai bien trop soif pour pouvoir aligner plus de trois mots. J'ai besoin de m'humecter un peu le gosier.

— Tu m'épuises… Qu'en penses-tu, Ciccio ?

— Allez, Niccolò, je meurs de soif moi aussi. Juste un petit pichet, pas plus…

— Je ne te savais pas capable de boire avec modération.

— Tu oublies que j'ai eu une révélation divine, mon cher. Je ne vis plus que de prières et d'amour divin. Je consacre désormais l'essentiel de mes pensées au Christ. Cependant, pour faire plaisir à mon grand ami Francesco, je ferai une entorse à mon vœu d'abstinence. Je ne peux tout de même pas le laisser vider seul son gobelet !

— Si je vous offre à boire, vous me promettez tous les deux de cesser immédiatement votre comédie ?

Vettori et Guicciardini se consultèrent d'un air entendu et hochèrent simultanément la tête. Après plusieurs tentatives infructueuses, Machiavel parvint à attirer l'attention de Teresa et lui montra l'un des nombreux pichets vides qui trônaient déjà sur la table.

— Alors, qui est cette Boccadoro ?

— Je ne sais pas comment elle s'appelle vraiment. Elle travaille dans le bordel de donna Stefania, celui qui donne sur l'arrière du baptistère. Un endroit très bien.

— Est-ce que ta mère sait que tu traînes dans l'établissement de donna Stefania, Francesco ?

Vettori rougit et baissa la tête. Sans autre forme de commentaire, Teresa posa brutalement le pichet devant lui, avant de retourner derrière son comptoir. Il se servit un verre de vin et en but une grande rasade, puis bredouilla quelques mots d'explication :

— À dire vrai, je n'y ai jamais mis les pieds. Dans aucun autre, d'ailleurs... Je le connais juste de réputation. Pour en revenir à ce qui vous intéresse, le bruit court que donna Stefania a acheté Boccadoro à un marchand de retour d'Afrique. Il paraît que ses yeux ont la couleur de l'émeraude et que sa peau est sombre et satinée comme nulle autre.

— Tu ne l'as jamais vue ?

— Elle sort très rarement. Donna Stefania la réserve à quelques clients privilégiés depuis que sa réputation a fait le tour de la ville. Il y a des mois que personne ne l'a aperçue.

— Quoi d'autre ?

Une intense rougeur monta le long du visage de Vettori.

— Si tu veux tout savoir, elle est très douée pour les jeux de bouche. Enfin, c'est ce que m'ont dit les rares personnes que je connais qui ont pu se payer ses prestations. D'où son surnom...

Un éclair de concupiscence brilla dans ses yeux bleus. Guicciardini tira la conclusion qui s'imposait :

— Nous allons être obligés d'aller interroger cette donna Stefania.

— Tu es partant, Francesco ?

Vettori sauta de sa chaise et jeta quelques pièces sur la table.

— Et comment ! C'est tout à fait le genre d'expédition que j'apprécie.

Le bordel de donna Stefania était une vaste bâtisse de deux étages d'où s'élevaient des cris joyeux. Intimidés, les trois amis restèrent un long moment devant la porte sans oser frapper.

— À toi l'honneur, Niccolò ! Tu es le plus vieux !

— Je croyais que tu étais un grand garçon, Francesco. Tu n'es plus très audacieux quand il s'agit de faire les choses par toi-même. Quant à toi, Ciccio, je sais bien qu'il ne faut pas attendre la moindre initiative de ta part.

— N'exagère pas, Niccolò. Allez, vas-y !

Vaincu, Machiavel empoigna le heurtoir et le cogna deux fois contre le bois. La porte s'ouvrit sur une femme d'âge moyen. Elle avait dû être très belle du temps de sa jeunesse, mais les années avaient fait subir à son visage de terribles outrages. Sa peau s'était relâchée par endroits et, à l'inverse, tendue de rides en d'autres, si bien qu'il ne restait de sa beauté qu'une sorte d'esquisse floue.

Dans un ultime et pathétique sursaut, elle avait choisi de lutter pied à pied contre les assauts des ans, recouvrant tout son visage d'une épaisse couche de poudre de riz.

Ses paupières fardées de couleurs vives contrastaient violemment avec la lassitude qu'on lisait dans ses grands yeux clairs Couvertes de bijoux, ses mains paraissaient scintiller sous le flot lumineux qui s'échappait du bordel.

La maquerelle observa les visiteurs avec suspicion, tout en caressant du bout des ongles le manche du fouet glissé dans sa ceinture. Elle finit par articuler sèchement :

— Que voulez-vous, les petits ? Vous êtes perdus et vous ne savez plus comment rentrer chez vos parents ?

Aucun des garçons n'osa lui répondre. Même si la corpulence de la maquerelle était l'exact opposé de celle de Teresa, elle les impressionnait cent fois plus que la patronne de l'auberge. Cerbère, le gardien des enfers, était sans doute plus sympathique que cette petite femme prête à les chasser à grands coups de martinet.

Guicciardini finit par prendre la parole. S'exprimant avec un raffinement auquel il n'avait pas souvent habitué ses amis, il prit une mine sévère :

— Nous avons entendu parler d'une des pensionnaires de votre établissement et nous souhaiterions nous entretenir avec elle, s'il vous plaît. On l'appelle Boccadoro.

La petite créature scintillante s'esclaffa bruyamment.

— Vous entretenir avec elle ! Elle est bien bonne, celle-là ! C'est comme ça qu'on dit chez les gens cultivés, alors !

Son rire s'éteignit d'un coup. Ses yeux méchants sondèrent ceux de son interlocuteur. Guicciardini aurait voulu s'enfuir à toutes jambes mais, terrorisé par l'oscillation régulière des lanières du fouet, il ne parvint pas à esquisser le moindre mouvement. Derrière lui, ses amis s'étaient discrètement reculés de plusieurs pas.

La voix teintée d'aigreur, donna Stefania reprit :

— Tu as raison, mon petit, c'est ce que Boccadoro sait

faire de mieux, « s'entretenir » avec les hommes. Dommage pour toi, je ne sais pas où elle se trouve, cette garce. Elle a disparu depuis trois jours.

— Comment ça, disparu ?

— Disparue, du jour au lendemain, sans prévenir. Si je la retrouve, cette catin, tu peux être sûr qu'elle va goûter de mon fouet, pour la peine.

— J'imagine que vous êtes déjà allée vérifier chez elle ?

Donna Stefania éclata de rire.

— Ce que tu es drôle, mon garçon ! Toutes les filles vivent ici avec moi. Ça évite les problèmes. Quant à Boccadoro, c'était ma meilleure gagneuse, une vraie merveille ! Depuis son départ, on ne cesse de me la réclamer... Elle me fait perdre chaque jour une montagne de ducats !

— Elle avait beaucoup d'habitués ?

— Un paquet ! Et ils étaient prêts à payer cher pour l'avoir ! Une fois qu'ils étaient montés avec elle, je pouvais être certaine qu'ils reviendraient très vite. Ils auraient tué femme et enfants pour revivre une telle expérience. Une fille comme elle, on ne met pas la main dessus tous les jours...

Sans préavis, la maquerelle mit un terme brutal à la conversation :

— Je n'ai guère de temps à perdre. Celle que vous cherchez n'est plus ici. Si vous avez de quoi payer, j'ai là cependant quelques filles de votre âge qui pourront très certainement faire l'affaire. Vous m'êtes sympathiques, je peux vous faire un prix.

Vettori s'avança, tout heureux de pouvoir enfin mettre à mal sa virginité sans se ruiner. Il fit une grimace de dépit lorsque Machiavel lui coupa la route du jardin des délices.

— En fait, nous voulions vraiment faire cela avec Boccadoro. Nous en avions tellement entendu parler ! Nous allons partir, merci beaucoup, madame.

— De rien, les petits. Revenez quand vous aurez quelques poils au menton, conclut-elle en refermant sèchement la porte.

Furieux, Vettori interpella Machiavel :

— Mais enfin, Niccolò, tu es fou ou quoi ? Tu l'as entendue, elle nous proposait un prix spécial ! C'est le bordel le plus cher de la ville ! On ne pourra plus jamais y retourner !

— Quand cette affaire sera terminée, nous nous cotiserons pour t'offrir une catin à ton goût. En attendant, nous te devons quelques explications.

L'un après l'autre, Machiavel et Guicciardini lui contèrent les événements des journées précédentes. Le trajet du retour fut tout juste assez long pour leur permettre d'achever leur récit.

8

Au fur et à mesure que les orateurs se succédaient à la tribune, Machiavel sentait son poignet devenir de plus en plus raide et douloureux. Il avait beau accélérer la cadence de sa plume, il ne parvenait jamais à rivaliser avec le débit des différents intervenants. Chaque minute qui passait lui donnait plus de raisons de maudire Marsilio Ficino.

Le philosophe exigeait en effet de tous ses élèves qu'ils achèvent leur formation en entrant, dès leurs dix-huit ans, au service de la chancellerie. Sept heures par jour, deux ans durant, il leur fallait assister aux réunions des multiples conseils chargés de gérer les affaires de la cité. Leur tâche consistait essentiellement à retranscrire, sur de grands registres destinés aux archives, les interventions de tous ceux qui prenaient la parole. Tout cela, bien sûr, pour un salaire dérisoire.

Selon Ficino, il n'y avait rien de tel que cette immersion au cœur des problèmes quotidiens de la cité pour préparer ceux qui auraient plus tard d'importantes responsabilités politiques. Un soir, parvenu au bout de sa résistance physique, Machiavel avait osé remettre en question ce rude apprentissage. Son maître lui avait rétorqué qu'il éduquait l'élite de la cité depuis trente ans et qu'il n'était pas disposé à changer de méthode parce qu'un de ses élèves, aussi talentueux fût-il, se montrait paresseux.

Le débat ayant ainsi été définitivement clos, l'adolescent était retourné devant son écritoire et avait repris son pénible labeur. Il avait beau s'insurger régulièrement contre cette tâche harassante, il lui fallait cependant reconnaître que son esprit d'analyse ne cessait de s'affiner.

Ce jour-là appartenait aux journées d'ennui profond que lui réservait régulièrement son rôle de secrétaire. Comme à leur habitude, les membres de la signoria avaient passé l'essentiel de leur temps à s'injurier, s'affrontant oralement à défaut de pouvoir le faire de manière plus virile. Par bonheur, les huit vénérables citoyens qui composaient le conseil étaient tous trop âgés pour en venir aux mains et, après trois heures de débat stérile, le jeune homme constata avec soulagement que leur énergie déclinait enfin.

La perspective de pouvoir bientôt reposer sa main lui permit de supporter stoïquement les derniers assauts rhétoriques. Il dut cependant patienter encore une bonne demi-heure avant de les voir s'accorder sur la vacuité de leurs discussions, chaque faction attribuant à l'autre l'échec de la réunion.

Au milieu de l'après-midi, Machiavel se retrouva enfin seul dans la pièce. Il s'étira longuement, épuisé par ces heures de concentration et d'immobilité. Ayant noirci toutes les pages de son registre, il se dirigea vers l'escalier, découragé par avance devant les six étages qui le séparaient de la pièce réservée aux archives, située dans les combles, juste sous les toits.

Le Palazzo Comunale était le monument le plus élevé de la ville. Une loi datant du siècle précédent avait en effet interdit toute construction dépassant les quarante-sept mètres de la tour principale de l'édifice. Cinquante ans plus tard, l'architecte Brunelleschi avait demandé l'autorisation de la transgresser, au prétexte que le gigantesque dôme conçu pour la cathédrale étendrait la renommée de la cité jusqu'aux confins de la chrétienté. L'argument avait porté et Brunelleschi avait eu l'autorisation de construire sa coupole. La tour du Palazzo Comunale fut néanmoins surélevée d'un étage, afin qu'on ne pût pas dire qu'à Florence la religion prenait le pas sur la politique.

Ne sachant que faire de la pièce ainsi créée, les dirigeants de l'époque, assurés de n'avoir jamais à gravir personnellement les deux cent trente-neuf marches qui la séparaient du sol, avaient décidé d'y conserver les registres des délibérations du conseil. Le lieu était par conséquent fort peu fréquenté : seuls les quinze secrétaires de la chancellerie y montaient à tour de rôle, une ou deux fois par mois, pour y déposer des piles de documents que personne ne lirait jamais.

À la différence de ses collègues, Machiavel parvenait cependant à compenser la fatigue de l'ascension par le plaisir de fouiller parmi les monceaux de paperasse entassée du plancher au plafond. C'était en outre le seul endroit où ne viendrait jamais le chercher ser Antonio, un être taciturne et acariâtre, chancelier de la république et accessoirement bourreau des jeunes secrétaires tombés sous sa coupe.

Épuisé par ses pérégrinations nocturnes, Machiavel se demanda s'il trouverait la force de venir à bout de l'escalier. Après une dizaine de minutes d'efforts, parvenu enfin au but, il referma soigneusement la porte derrière lui, pour être certain de ne pas entendre les éventuels mugissements de ser Antonio.

La pièce était emplie d'un épouvantable fatras de feuillets déchirés et de vieux livres de comptes poussiéreux. Machiavel jeta négligemment le registre en haut de la pile la plus proche, puis alla directement se réfugier dans le coin opposé, où l'attendaient un oreiller et une couverture. Dissimulé par l'avancée d'une large bibliothèque de bois à demi dévorée par les insectes, il était invisible depuis l'entrée.

Soulagé, il se jeta sur son lit de fortune en soupirant d'aise. Il ferma les yeux et s'assoupit en rêvant des supplices terribles qu'il pourrait infliger à ser Antonio pour le punir de le faire autant travailler. Après seulement cinq minutes de ces pensées délicieuses, il sombra dans un profond sommeil.

Sa quiétude fut soudain dérangée par le grincement de la porte. Il sursauta, persuadé que, pour la première fois depuis plusieurs décennies, ser Antonio était parvenu à atteindre le dernier étage du Palazzo Comunale. Bien décidé à résister jusqu'au bout avant de se faire rattraper par son devoir, il hasarda un coup d'œil discret.

À sa grande surprise, ce ne fut pas la silhouette trapue du chancelier qui apparut, mais celle, aisément reconnaissable dans son pourpoint brodé d'or, de Ruberto Malatesta. L'homme de main du gonfalonier resta quelques secondes sur le seuil. Pris d'une inspiration subite, Machiavel décida de ne pas dévoiler sa présence. Il se rencogna et découvrit qu'un mince interstice entre deux piles de dossiers lui permettait d'apercevoir le mercenaire sans risquer d'être surpris en retour.

Un interminable moment s'écoula ainsi, dans le silence le plus complet, durant lequel Machiavel, convaincu que les yeux perçants de Malatesta allaient le découvrir d'un instant à l'autre, retint son souffle. Satisfait de ne découvrir aucun signe de vie, le soldat se résolut finalement à pénétrer plus avant, puis fit signe à un second individu d'entrer. Le jeune homme manqua de crier lorsqu'il vit apparaître la robe blanche et noire de Savonarole.

— Tu es sûr que personne ne peut nous entendre ? demanda le dominicain à voix basse.

— Tu vois bien que la pièce est vide. Personne ne monte jamais ici, c'est l'endroit le plus tranquille du bâtiment. Seuls les secrétaires y viennent parfois, mais ser Antonio les tue tellement à la tâche qu'ils n'ont même plus la force de tenter l'escalade.

Les traits crispés, Savonarole attendit un peu avant de poursuivre. Machiavel fut surpris de voir à quel point l'assurance du moine avait cédé la place à une inquiétude tout à fait palpable. Son visage ne portait plus aucune trace du masque serein qu'il arborait d'ordinaire.

— As-tu du nouveau, Malatesta ?

— Rien de bien intéressant. Ils cherchent toujours, ce qui est plutôt bon signe, mais je pense qu'ils veulent accélérer les choses. Il faut absolument les devancer.

— Comment faire ?

— Nous devons retrouver la preuve avant eux, sinon nous sommes finis.

— Sais-tu enfin qui est à leur tête ?

— Non, pas encore. C'est sans aucun doute quelqu'un de redoutable. Il n'a commis aucune erreur. Il agit à la perfection.

— Tant que nous ignorerons son identité, nous ne pourrons pas le combattre efficacement. Et cet imbécile de Saint-Malo ?

— Rien. Je lui ai collé mes espions aux basques, mais il ne fait aucune fausse manœuvre. Je ne peux rien prouver.

— Que me conseilles-tu, alors ?

— Commence par calmer tes hommes, ils sont trop excités.

— Le mouvement est désormais trop largement suivi pour que je puisse contrôler tout le monde. Valori outrepasse déjà mes ordres. Sa troupe d'adolescents n'obéit qu'à lui. Je ne suis pas sûr de pouvoir les retenir bien longtemps. Que pense Soderini de tout cela ?

— Officiellement, il n'est courant de rien. Il tient trop à sa peau pour agir sans preuve formelle.

— Ignore-t-il donc que ma vie et la sienne sont liées ?

— Crois-tu que je serais là s'il ne l'avait pas compris ?

Savonarole attrapa le bras du mercenaire. Sa voix se raffermit un peu.

— Trouve-la vite, cette preuve, sinon même le Seigneur ne pourra rien pour nous !

Le mercenaire se contenta de hocher la tête et sortit. Savonarole lui laissa de l'avance, puis l'imita. Machiavel attendit encore deux ou trois minutes avant de se décider à sortir de sa cachette. Il ouvrit la porte en prenant soin de ne pas la faire grincer, et ce n'est qu'une fois atteint le pied de la tour qu'il put enfin soupirer de soulagement. Bien décidé à aller immédiatement raconter ce qu'il avait entendu à ses amis, il se dirigea d'un pas rapide vers la porte principale du bâtiment.

À l'instant précis où il s'apprêtait à la franchir, une voix qu'il connaissait malheureusement trop bien l'interpella :

— Ne serait-ce pas là ce cher Niccolò ? Tu tombes à point, je cherchais justement un secrétaire pour suivre la réunion qui va commencer dans quelques minutes. Avec de la chance, tu seras sorti avant minuit !

Lentement, Machiavel se retourna et vit l'horrible petite tête de ser Antonio osciller d'avant en arrière au rythme de ses éclats de rire tonitruants. Son hilarité s'amplifia lorsqu'il put jouir d'une vision globale du visage consterné de son souffre-douleur préféré. Machiavel se demanda brièvement ce qui l'empêchait d'étrangler le chancelier de la république. Seule la perspective de voir l'administration totalement désorganisée sans ce personnage mesquin parvint à réfréner l'irrésistible envie qu'il sentait descendre le long de ses bras.

Il décida de laisser ce plaisir à quelqu'un d'autre. Cela ne l'empêcha pas d'entendre longtemps résonner dans son crâne le rire gras de ser Antonio.

— Quel infâme bâtard ! s'écria Francesco Vettori, sincèrement indigné par le traitement infligé à son ami par le chancelier.

Tout aussi scandalisé, Piero Guicciardini ne pouvait manquer une aussi belle occasion de cultiver son sens exercé de la médisance.

— Au concours du plus beau fils de putain que la Terre ait porté, il doit être dans les trois premiers, juste derrière Néron et Attila !

— Malheureusement, vous allez bientôt devoir l'affronter vous aussi…

Vettori secoua la tête en guise de dénégation. Il vérifia aussitôt que ce geste n'avait pas altéré le parfait ordonnancement de sa tignasse blonde.

— Je ne suis pas pressé, en ce qui me concerne. De toute manière, mes résultats scolaires sont si mauvais que je vais bien réussir à convaincre le vieux Ficino de me garder encore une année ou deux avec lui avant de me jeter dans les griffes de ce tyran !

— Vous pensez que l'humeur de ser Antonio s'arrangerait s'il faisait une chute malencontreuse du haut du sixième étage ? interrogea Guicciardini, soucieux de faire avancer la réflexion.

— Ça ne servirait à rien. Même la douleur physique ne pourrait pas le rendre plus humain !

— Il reste toujours la solution du coup de couteau entre les omoplates. On pourrait lui arracher les yeux et faire croire à l'œuvre du tueur !

— La solution est tentante… Je te rappelle tout de même que tu es censé baigner dans la foi la plus pure, Ciccio. Ces pensées impies ne devraient plus t'atteindre.

— Rassure-toi, Niccolò, je t'ai seulement livré la plus sobre des horreurs qui me traversent la tête !

Malgré la fatigue, Machiavel ne put s'empêcher de sourire de cet aveu. Il avait passé une bonne partie de la nuit enfermé dans une salle du Palazzo Comunale et le réveil matinal imposé par son devoir religieux hebdomadaire avait achevé de consumer ses forces. Il bénit néanmoins la tradition voulant que le dernier jour de la semaine fût consacré au Seigneur et non au culte des archives prôné par ser Antonio.

Comme chaque dimanche, il s'était rendu à la cathédrale dès sept heures pour suivre le premier office du matin. Sa foi avait beau être des plus superficielles, il tenait à perpétuer l'habitude prise par son père près de quarante ans plus tôt. Il lui restait peu de souvenirs de cet homme lointain qui, surchargé d'activité par son métier de notaire, avait confié à son épouse l'éducation de son fils unique. Secondée par une cohorte de servantes, celle-ci avait entouré l'enfant de toute l'attention réservée aux garçons destinés à recevoir et accroître le patrimoine familial.

Le dimanche, cependant, le jeune Machiavel délaissait ce monde exclusivement féminin pour accompagner son père à la messe. Dès qu'il pénétrait dans la cathédrale, cet homme réservé semblait se métamorphoser. Sa passion pour les miracles de l'architecture lui faisait abandonner le masque froid dont il se parait durant la semaine. Sans prêter d'intérêt particulier au déroulement de l'office, il expliquait alors au jeune Niccolò l'agencement complexe de la coupole de Brunelleschi ou bien lui montrait l'endroit précis, à quelques pas à peine, où trois coups de dague avaient prématurément interrompu l'existence de Giuliano, le frère de Laurent de Médicis, en 1478.

Machiavel avait mis longtemps à comprendre pourquoi son père, s'il appréciait tant l'architecture grandiose et les ornements du lieu, n'y pénétrait jamais en dehors des moments d'affluence. En effet, vide, la cathédrale n'était pour lui qu'un pompeux décor de carton-pâte. Il avait besoin qu'elle s'emplisse de ses acteurs et de ses spectateurs pour voir resurgir, une heure durant, les artifices qui en faisaient le témoignage le plus éclatant du génie florentin.

Plus de dix ans s'étaient écoulés depuis la mort de son père, mais, chaque fois qu'il s'avançait dans la travée jusqu'à la hauteur de la chapelle des Pazzi, Machiavel ressentait le même sentiment de douloureuse nostalgie. Perpétuer, dimanche après dimanche, le rite initié par son géniteur était malgré tout l'unique manière de reconstruire un lien avec ce passé heureux auquel le destin l'avait brusquement arraché.

Plongé dans ses réflexions, il avait écouté le sermon d'une oreille distraite. Seul le frisson provoqué par l'entrée du gonfalonier, toujours serré de près par Malatesta, l'avait tiré un instant de son état méditatif. Dès la fin de l'office, il était sorti de la cathédrale, heureux d'apercevoir quelques rayons de soleil percer enfin l'épaisse couche nuageuse.

Tout juste levés après une nuit d'excès, Guicciardini et Vettori l'attendaient dehors, appuyés contre le mur du baptistère. Ils avaient consacré le quart d'heure suivant à observer la foule, s'attardant longuement sur les jeunes filles les plus appétissantes. Leurs œillades charmeuses s'étant révélées inefficaces, ils avaient filé tout droit vers la taverne de Teresa.

— Je n'arrive pas à y croire ! hurla Guicciardini sans se préoccuper des buveurs qui l'entouraient.

Il poursuivit à voix basse, en prenant des airs de comploteur :

— Malatesta et le moine marchent ensemble ! Je me doutais bien que ces deux-là étaient louches...

— Ils savent des choses que nous ignorons, dit Machiavel. Reste à savoir dans quel camp ils sont.

— Le moine que tu as vu discuter avec Corsoli juste avant sa mort ne peut être que Savonarole. C'est lui, le tueur !

— Probable, mais j'ai bien du mal à l'imaginer commettre des crimes aussi horribles. Quelle raison aurait-il d'agir ainsi ?

Vettori contempla le cruchon posé devant lui comme s'il s'agissait d'une boule de cristal. Déçu de n'y rien lire, il s'interrogea à voix haute :

— Quel peut être le lien entre un peintre, un usurier, une putain et un vieux livre ?

Machiavel repoussa la question d'un geste de la main.

— Seule Boccadoro pourrait nous aider à le savoir.

— Quand nous la retrouverons, laissez-moi l'interroger, je la ferai parler ! proclama Vettori.

— C'est ça, le railla Guicciardini, tu crois que ton charme légendaire fonctionnera sur elle ! Tu te trompes lourdement, mon petit. La seule chose que tu vas y gagner, c'est une bonne claque...

Il s'interrompit soudain.

— Oh non, j'avais complètement oublié ! Annalisa est passée chez moi ce matin. Son oncle s'est souvenu d'une chose très importante. Il nous attend à la bibliothèque.

— Tu ne pouvais pas le dire plus tôt ? On ne peut vraiment rien te confier, Ciccio !

Embarrassé, Guicciardini ne chercha même pas à se défendre. Il sourit piteusement lorsque Machiavel passa devant lui en lui jetant un regard noir.

Les cloches de l'église voisine sonnaient déjà midi lorsqu'ils parvinrent devant la porte de la Bibliothèque médicéenne. Annalisa se précipita à leur rencontre.

— Vous êtes enfin là ! J'étais morte d'inquiétude ! Que vous est-il arrivé ?

— Nous avons le malheur d'avoir Ciccio comme ami. Il n'a pas plus de mémoire qu'une couleuvre.

— Oh, Ciccio, je t'avais pourtant recommandé de prévenir Niccolò dès que tu le verrais !

— Vous n'allez quand même pas me reprocher mon oubli toute la journée ? Le Seigneur a dit qu'il fallait pardonner, non ?

Très impatient, Marsilio Ficino s'approchait à grandes enjambées.

— Si tu étais venu plus souvent à mes cours, Piero, tu saurais que ce genre d'oubli méritait à Sparte un châtiment corporel des plus cruels ! J'ai bien envie de te faire fesser en place publique par Deogratias.

— Je me suis déjà excusé.

Guicciardini se replongea immédiatement dans sa bouderie. Jugeant la leçon suffisante, Ficino en vint aussitôt à la raison pour laquelle il les avait fait appeler.

— Bon, laissons cela. L'essentiel est que vous soyez là. Je vous avais dit que le nom de Del Garbo me rappelait quelque chose, eh bien, je m'en suis souvenu ce matin. Suivez-moi...

Le vieil homme s'engagea à toute allure dans la travée centrale de la salle de lecture. Parvenu devant le mur du fond, il désigna la cloison qui leur faisait face.

— Et alors ? C'est seulement un mur ! s'exclama Guicciardini, encore énervé par les railleries dont il avait été l'objet.

— Que vois-tu dessus, Piero ?

— Rien de plus que d'habitude. Cette fresque de Masaccio a toujours été là.

— Comme toujours, ton intuition est bonne, mais tu es trop paresseux pour pousser plus loin ton analyse. Tu as tout à fait raison, c'est sur elle qu'il faut se concentrer.

De plus en plus irrité par les allusions mystérieuses de son professeur, Guicciardini soupira longuement avant d'obtempérer.

— Si vous y tenez... Elle représente les trois poètes couronnés de laurier, Dante à gauche, Pétrarque au centre et Boccace un peu plus loin. Je n'ai même pas besoin de la voir pour vous la décrire. J'ai passé suffisamment de temps à l'observer durant vos cours !

Machiavel intervint pour soutenir son ami :

— Ciccio a raison, maître. Nous connaissons tous cette fresque par cœur.

— Vos préjugés vous empêchent de voir la réalité des choses, mes enfants. Ne vous ai-je pas appris à dépasser les apparences ? Vous croyez connaître parfaitement cette fresque parce que vous l'avez eue des dizaines de fois sous les yeux. Si vous l'observiez avec plus d'attention, vous la trouveriez pourtant différente.

La première, Annalisa comprit ce que sous-entendaient les propos de son oncle.

— Ça y est, j'ai trouvé ! Elle était bien plus sombre avant. Elle a été repeinte.

— Une fois encore, je peux être fier de ma nièce ! Quant à vous, messieurs, dit-il en se tournant vers les trois garçons, que va-t-on bien pouvoir faire de vous ?

Laissant la question en suspens, il reprit sa leçon :

— Masaccio a fait un excellent travail. L'architecte était malheureusement moins doué. Vous voyez la fissure là-haut ? Elle s'est élargie sous l'effet des fortes chaleurs de l'été dernier et, comme l'automne a été très pluvieux, l'eau a ruisselé sur le mur.

— Et vous avez fait appel au défunt Del Garbo..., compléta Machiavel.

— Tous les peintres de la ville étaient sur le départ ou occupés à faire des travaux plus rémunérateurs. Il avait l'air miteux, mais je ne pouvais pas attendre et je l'ai engagé quand même.

— Il a bien travaillé, intervint Vettori, qui se targuait d'un goût artistique prononcé. On ne voit pas grande différence par rapport à l'œuvre originelle.

— En effet, je suis plutôt satisfait du résultat. Au bout de dix ou onze jours, il est venu me dire qu'il avait reçu une autre commande importante et qu'il devait se dépêcher d'achever la restauration. Il a travaillé ici nuit et jour pendant une semaine pour finir son travail.

— C'était sans doute l'*Annonciation* qui traîne chez toi, Ciccio, ajouta Annalisa. Les deux peintures ont donc été faites à peu près au même moment.

Machiavel, comprenant l'allusion de la jeune femme, ajouta :

— Par conséquent, s'il a laissé un indice sur sa toile, il en a peut-être laissé un dans cette fresque.

Heureux que ses élèves aient mené la démonstration à son terme, Ficino acquiesça :

— Exactement, Niccolò. En toute logique, il devrait être là. Reste encore à le trouver.

Piero Guicciardini fut le premier à capituler, après plus d'une heure d'obstination vaine.

— Je n'en peux plus. Mes yeux se ferment tout seuls et en plus j'ai faim...

Conscient de l'inutilité de leurs efforts, Machiavel esquissa lui aussi un geste de découragement.

— Allons plutôt déjeuner. Ça ne sert à rien de s'attarder ici plus longtemps. Nous avons tout examiné, pouce par pouce. Il n'y a rien sur cette fresque.

— Si Del Garbo a laissé une indication sur ce mur, il l'a diablement bien cachée, approuva Vettori.

Une immense déception se lisait sur le visage de Marsilio Ficino.

— J'étais pourtant certain d'être sur la bonne voie. Me

voilà désormais bien décati ! Mon cerveau fonctionnait mieux il y a vingt ans...

— Cessez de toujours rabâcher les mêmes choses, mon oncle ! Tout le monde peut se tromper, et vous n'échappez pas à la règle.

Son sermon fit naître sur les lèvres du vieil homme un sourire teinté de désenchantement.

— Même ma nièce se permet maintenant de me donner des leçons de philosophie ! Ces devinettes ne sont décidément plus de mon âge... Rentrez chez vous, jeunes gens, et pardonnez-moi de vous avoir fait perdre votre temps.

9

Il en va des peines d'amour comme de la gangrène, se plaisait à dire Politien les soirs de mélancolie. Lorsqu'un membre est atteint, rien ne peut plus le guérir. Le mal croît alors inexorablement et finit par gagner le centre même du corps, là où se nichent ses humeurs vitales.

Le médecin, aussi savant soit-il, peut puiser au tréfonds mystérieux de sa science. Il peut rechercher dans ses incunables les thériaques préconisées par ses prédécesseurs et même en appeler au souvenir d'Hippocrate s'il le souhaite. Il finit néanmoins toujours par comprendre que sa quête est vouée à l'échec, au fur et à mesure le membre se dessèche et noircit, ou à l'inverse est gagné par la sinistre purulence.

Sandro Trevi se souvenait parfaitement de l'instant où son cœur avait commencé à s'atrophier, jusqu'à devenir cette masse de tissus dénuée de tout sentiment qu'il sentait battre mécaniquement sous les replis de son pourpoint élimé. Depuis que sa dame, Beatrice Neretti, la femme de l'apothicaire de la Via della Torre, l'avait quitté pour un amant moins défraîchi, il n'avait plus goût à rien.

Chaque nouveau jour, plutôt que de l'éloigner de cet instant funeste, le lui rendait plus présent encore. Dans un esprit de pénitence, il avait décidé de se laisser dépérir et se contentait de quelques quignons de pain, enrichis parfois d'un peu de couenne ou d'une fine pellicule de beurre rance. Ce jeûne sévère était fort heureusement compensé par une consommation de vin assez abondante pour lui faire oublier son désespoir.

Outre cette médecine fort efficace, il avait entrepris de pallier l'absence de sa bien-aimée par une pratique sexuelle des plus effrénées. Sa vigueur n'étant en rien émoussée par sa brutale répudiation, il pensait que l'intense activité ainsi déployée l'aiderait à retrouver sa quiétude spirituelle. Il s'adonnait donc quotidiennement à des plaisirs variés, plus ou moins savants selon ses partenaires et la résistance de son pénis.

Ce jour-là, il avait opté pour une solide fille de joie ayant englouti tant de verges dans sa très longue carrière qu'elle aurait pu relier Milan à Rome en les mettant bout à bout. Immergé dans l'obscurité d'un recoin de sa boutique, il besognait tranquillement le fessier mafflu de cette catin. Appuyée contre une étagère remplie de bocaux d'épices et de décoctions exotiques, la fille jouait savamment du derrière en émettant des gémissements de circonstance, rauques et languissants à souhait. Si quelque spectateur avait pu assister à la scène, il aurait pour sûr trouvé plaisant de voir cet homme grand et maigre tressauter nerveusement derrière cette large croupe zébrée de vergetures.

Trevi sentit croître son plaisir, mais fit une courte pause, décidé à ne pas céder à la jouissance avant qu'elle n'ait atteint son paroxysme. En cet instant précis, son ancienne maîtresse pouvait bien chevaucher le diable en personne, il n'en avait cure.

Il donna encore deux ou trois coups de reins pour le principe, puis s'abandonna tout entier à son émoi. Il jouit abondamment en poussant un râle de plaisir suraigu. Pour ne pas être en reste, la fille mima l'orgasme et fit semblant d'être épuisée, bien que leur coït n'ait duré que six minutes et quarante-neuf secondes, préliminaires inclus.

Pour la première fois depuis qu'il avait été délaissé par sa maîtresse infidèle, Sandro Trevi éprouva un parfait sentiment de bonheur.

Satisfait, il gigota encore quelques instants, puis retira son organe, qu'il essuya du revers de sa chemise avant de le rentrer dans ses chausses. D'un geste rapide de la main, il recoiffa la longue mèche blanche qui avait glissé sur son visage durant l'exercice. La fille rabaissa sa robe et remit un semblant d'ordre dans ses larges jupons sans prononcer une seule parole. Elle fit un sourire machinal lorsque son client lui tendit les trois sous promis, esquissa une révérence sans grâce et sortit discrètement de la boutique par la porte du fond.

Trevi s'accorda un instant de répit avant d'aller rouvrir son magasin. Il ne faisait pas bon être marchand d'épices en ces temps de misère. La plupart des habitants peinaient à acheter de quoi satisfaire leurs besoins vitaux. Les repas se réduisaient souvent à un peu de pain rassis agrémenté de quelques méchants légumes. Affamés, ils n'avaient que faire du superflu.

Il s'appuya contre le chambranle de la porte en soupirant. Encore récemment, il pensait que ses problèmes financiers se résoudraient vite. Il était maintenant conscient d'avoir fait une grossière erreur. Il allait devoir payer, cela ne faisait pas l'ombre d'un doute.

Malgré cette angoisse qui l'empêchait de dormir depuis plus d'une semaine, il se sentit néanmoins envahi d'une douce quiétude. Les yeux mi-clos, il se prit à rêver d'un monde meilleur, dans lequel son commerce serait un des plus prospères de la ville. Un monde où il pourrait enfin jouir d'autre chose que de femmes passées entre les mains d'au moins trois générations de Florentins.

Il n'eut même pas le temps de réagir. Une main venait d'enfoncer un morceau d'étoffe dans sa gorge. Tandis qu'il essayait désespérément de happer quelques bouffées d'air, il sentit qu'on lui bloquait les bras derrière le dos. Il tenta de s'opposer à l'implacable étau qui l'enserrait. Un violent coup de coude dans les côtes le contraignit à se calmer. En un instant, il fut violemment projeté sur le sol et se retrouva assis par terre, pieds et poings liés, le dos appuyé contre l'étagère qui avait accueilli ses ébats peu auparavant.

Son agresseur mesurait deux bons mètres et semblait aussi large que haut. Plus encore que par cette terrible puissance, le marchand fut impressionné par son visage, dont la douceur contrastait avec l'animalité de son corps musclé. Ses traits étaient dénués de la moindre expression, comme s'il était indifférent à tout, se contentant de remplir son contrat, sans plaisir ni déplaisir particuliers. Trevi fut frappé par ce saisissant paradoxe de la nature qui avait monté une figure d'ange sur un corps de démon.

En comparaison, le nabot à ses côtés paraissait plus petit encore. Mais il semblait compenser sa déficience physique par une remarquable débauche d'énergie et ne cessait de tressauter, comme parcouru par une onde nerveuse. Toutes les quinze secondes, un spasme partait du coin de sa bouche pour venir mourir sur la paupière opposée. D'une étonnante couleur de miel, ses yeux luisants de cruauté témoignaient d'une irrésistible envie de tuer.

Trevi n'eut pas à attendre longtemps. Un individu encapuchonné sortit de l'ombre et vint se placer devant lui. Sa frayeur s'apaisa quelque peu lorsque s'éleva la voix chaleureuse du moine :

— Serais-tu content qu'on t'ôte cet affreux bâillon, mon fils ?

Trevi acquiesça. Le moine fit signe au nabot de lui libérer la bouche.

— Qu'est-ce que vous me voulez, enfin ?

— Mais te tuer, voyons ! Je sais bien, ce n'est guère poli de te prévenir au tout dernier moment... Mieux vaut tard que jamais, n'est-ce pas ?

Le marchand le fixa, hébété. Sans doute ne s'agissait-il que d'une mauvaise plaisanterie ordonnée par son ancienne maîtresse. Il regrettait à présent de l'avoir menacée de dévoiler ses infidélités à son mari si elle refusait de revenir dans sa couche.

Le moine reprit doucement :

— Me voilà bien ennuyé... Nous ne pouvons tolérer le moindre son de ta part pendant que nous te torturerons. Par ailleurs, le bâillon nuit grandement à la beauté du geste. Alors que faire, dis-moi ?

— Moi, je sais ! dit le nain d'une voix de crécelle, mais tout aussi glaciale que l'était son regard. C'est une vieille technique que m'a enseignée mon grand-père. Très pratique pour réduire définitivement au silence sans ôter la vie.

Le moine approuva d'un simple hochement de tête, curieux de voir quelle surprise lui réservait son employé, dont il adorait l'inventivité et le goût du travail bien fait.

Le nabot s'approcha du visage de Trevi et posa la main sur sa bouche pour l'empêcher de hurler. De l'autre, il empoigna le couteau qu'il tenait à la ceinture. D'un geste rapide, il plongea par deux fois le bout de la lame dans la gorge du marchand, dont les yeux se révulsèrent de douleur.

Le tortionnaire relâcha son étreinte. Trevi voulut crier, mais à sa grande surprise, aucun son ne sortit de sa bouche. De l'extérieur, on distinguait seulement deux minuscules coupures sur son cou. Un mince filet de sang s'écoulait de chacune d'elles. À l'intérieur de sa gorge, ses cordes vocales avaient été habilement sectionnées.

En une seule journée, Beatrice Neretti fit l'amère expérience des déboires qu'apporte la vie lorsqu'on veut la goûter avec trop de gourmandise.

Elle avait jusque-là vécu dans une douce insouciance, comme si son existence n'avait été qu'un songe frivole. Son enfance avait été facile et heureuse. Seule fille de la maisonnée, Beatrice avait bénéficié de l'attention et des soins affectueux de ses parents et de ses deux frères aînés. Dûment éduquée, sachant tout juste lire et compter, elle avait eu assez de servantes pour arriver au mariage vierge de toute connaissance domestique.

Ses géniteurs avaient choisi Alesso, son mari, après une mise à l'encan de leur fille en bonne et due forme. Apothicaire de profession, il jouissait dans la cité d'une réputation d'honnête homme, confortée par son train de vie médiocre et son caractère austère. Pieux et poli, il était surtout riche, son affaire ayant beaucoup prospéré au fil des années.

La qualité que Beatrice appréciait le plus chez cet être désespérément fade était son âge avancé. Déjà veuf par deux fois, Alesso s'était montré incapable d'obtenir la moindre progéniture de ses précédentes épouses. Il en avait tiré les conséquences et décrété qu'une ou deux tentatives mensuelles d'assurer sa descendance suffisaient. La préservant d'une intimité trop fréquente avec ce corps malingre et velu, ce rythme convenait très bien à sa femme.

Pour donner quelque relief à cette existence monotone et ennuyeuse, elle avait adopté un mode de vie en tout point contraire à celui de son époux. Si celui-ci se contentait de peu, elle exigeait pour sa part le maximum, tant en matière de confort que de sentiments.

Durant les premières années de son mariage, Beatrice s'était enivrée d'une sensualité brutale, presque violente. Les amants s'étaient succédé dans son lit à un rythme qui aurait épuisé plus d'une courtisane. D'abord par hasard, puis par plaisir, elle s'était mise à choisir ses partenaires dans les couches les plus basses de la société. Du maçon au vigneron, tous étaient bons à satisfaire son désir, à la seule condition qu'ils fussent jeunes et vigoureux.

Toutefois, les excès de toute sorte avaient fini par alourdir son corps autrefois mince et musclé. Son pouvoir d'attraction diminuant, les amants s'étaient faits plus rares. Avec quelques regrets, Beatrice avait fini par céder aux avances de Sandro Trevi, un marchand d'âge moyen dont le visage vérolé l'avait jusqu'alors toujours laissée froide.

Après trois années de rapports routiniers et de passion simulée, elle était enfin parvenue à troquer la bonhomie de Sandro Trevi pour le charme canaille d'un apprenti forgeron bien bâti et appliqué à l'ouvrage. Le gaillard l'avait séduite en lui disant que son âme était enfermée dans des chaînes que seul Amour pouvait avoir forgées. Charmée par cette délicieuse métaphore, elle lui avait cédé sur-le-champ, répudiant Trevi le soir même.

Avec ce poète du métal, son cœur de femme mûre retrouvait la fraîcheur du temps déjà lointain où sa chair était encore ferme et souple. Leur symbiose était telle que ni le froid, ni la pluie ne parvenaient à les faire renoncer à leurs rendez-vous quotidiens.

Trois après-midi par semaine, le forgeron frappait à la porte de la grande demeure de Beatrice. Leurs rapports étaient rapides et silencieux. À peine Maria, la servante, lui avait-elle ouvert qu'il montait à l'étage et menait rondement son affaire. Peu enclin au badinage, il repartait aussitôt, sans prononcer la moindre parole superflue. Prenant ce manque de loquacité pour de la discrétion, Beatrice se mordait les lèvres afin de ne pas hurler son plaisir à tout le voisinage.

Les autres jours, la tête encapuchonnée, elle sortait de chez elle avec des allures de conspiratrice, rasant les murs jusqu'à l'antre de son amant. Ses allées et venues, bien entendu, n'étaient guère plus mystérieuses pour ses voisines que la recette de la polenta. Toutes savaient, mais aucune ne s'était jamais risquée à distiller le moindre soupçon dans le cœur du mari trahi. Une règle tacite voulait en effet que seules les épouses parfaitement respectueuses de la fidélité conjugale pussent dénoncer les femmes adultères. Autant dire que les époux trompés ne se douteraient jamais de rien.

Dès que Beatrice pénétrait dans la forge, son jeune Prométhée interrompait son travail et la prenait dans ses bras, les muscles luisants de sueur et brûlants comme le pain tout juste défourné. Vingt minutes plus tard, il reprenait son ouvrage, tandis qu'elle repartait chez elle, comblée. Le dimanche, par principe (car sa piété simple et naïve lui ordonnait une journée entière d'expiation), elle offrait généreusement l'exclusivité de sa fougue à son mari. Épuisé par une semaine de labeur acharné, ce dernier en profitait rarement.

Deux mois et demi s'étaient ainsi envolés sans qu'elle s'en fût aperçue. Les multiples tracas quotidiens glissaient sur son esprit comme une goutte de cire le long d'une bougie. Grisée par cette plénitude inédite, elle se trouvait de nouveau belle et désirable.

Le destin se chargea de la rendre à la tragique réalité de l'existence. Un matin, alors qu'elle achetait quelques légumes au marché, soudainement envahie par une irrépressible bouffée de désir, elle décida d'aller retrouver son amant en dehors des horaires habituels. En pénétrant dans la cuisine pour y déposer ses courses, elle le trouva allongé sur la table. Juchée sur lui, Maria gémissait bruyamment.

À cet instant, Beatrice comprit que le jeune homme ne faisait pas une, mais deux incursions quotidiennes chez elle, celle du matin étant consacrée à satisfaire les besoins de sa servante. Loin d'éprouver le moindre sentiment d'admiration pour l'endurance dont faisait preuve le forgeron volage, elle lui jeta ses salades au visage dans un geste follement dramatique, arracha quelques mèches des cheveux de la servante et courut pleurer sa vergogne dans sa chambre.

À l'évidence, elle devait être la risée de toutes les commères du quartier. Si aucune d'entre elles ne nourrissait d'illusions quant à la fidélité de son amant du moment, au moins s'efforçaient-elles de choisir des étalons susceptibles de les tromper avec des femmes du même rang qu'elles.

Au bout de trois jours de larmes et d'abstinence, Beatrice se surprit à regretter la tendresse nonchalante, dénuée de tout romantisme et de toute passion, de Sandro Trevi. En outre, le marchand d'épices lui apportait son content de sensualité quotidienne sans la tromper à tout bout de champ, même si sa constance devait sans doute bien plus au manque d'opportunités qu'à un quelconque principe moral.

Certaine que ses charmes parviendraient à faire céder à nouveau le vieux célibataire, elle ne s'inquiéta guère de la stratégie à adopter pour reconquérir son cœur. Seule la perspective de s'abaisser devant lui la retenait de se précipiter dans sa boutique. L'idée d'avoir partagé un homme avec sa domestique acheva cependant de repousser sa fierté dans un recoin éloigné de son esprit.

Elle se coiffa avec soin, farda son visage de couleurs vives et fit habilement pigeonner sa poitrine. Puis elle sortit en trombe de chez elle, jetant au passage un regard plein de morgue à sa servante. Trois minutes plus tard, elle parvenait devant l'échoppe. La trouvant close, elle fit le tour et entra par l'arrière. D'une voix trop tendre pour être vraiment sincère, elle héla le marchand. Elle eut beau ajouter quelques doux adjectifs au prénom de son ancien amant, celui-ci ne lui répondit pas. Vexée par tant de dédain, elle pénétra plus avant.

La vue du cadavre provoqua en elle une curieuse réaction nerveuse. Saisie d'effroi, elle ne parvint pas à hurler, mais fut frappée de tremblements. Ceux-ci cessèrent seulement plusieurs heures après qu'elle eut prévenu le guet de sa macabre découverte.

Corbinelli s'affairait autour du corps, tentant d'assembler les morceaux éparpillés sans ordre apparent sur le sol. Seul le buste du marchand était resté en place, suspendu à mi-hauteur par une corde passée sous les aisselles. La pointe métallique de la pique sur laquelle on l'avait empalé ressortait par le haut de sa poitrine.

Ses membres avaient été découpés au niveau des articulations et disséminés dans la pièce. Une main avait été malicieusement cachée dans un des placards, tandis que le sexe du marchand était posé sur une étagère, à côté des bocaux remplis de plantes séchées.

La tête de Trevi pendait sur le côté. Une longue mèche de cheveux, imprégnée du sang qui avait coulé de ses orbites vides, masquait en partie l'œuvre du tueur. Insensible aux larges éclaboussures qui maculaient les murs, Deogratias observait la scène d'un œil détaché, contemplant avec attention la grosse mouche verte qui avait entrepris l'escalade d'un pied sanguinolent abandonné dans un coin.

Occupé à examiner un avant-bras coupé à la hauteur du coude, Corbinelli vint à la rencontre du gonfalonier dès que celui-ci franchit le seuil de la boutique. Voyant le maître de la ville sursauter, il se rendit compte de son manque de délicatesse et posa aussitôt son sinistre trophée à côté des autres parties du corps de Sandro Trevi. Soderini eut un bref haut-le-cœur, mais fit tout son possible pour dissimuler son malaise.

— Nous nous voyons un peu trop souvent à mon goût ces jours-ci, Girolamo, dit-il d'une voix accablée. Je me demande quand cela cessera enfin.

— Celui-ci est encore plus affreux que les deux précédents, Excellence. Il faut avoir le cœur bien accroché pour éviter de vomir.

Soderini ne releva pas l'ironie et poursuivit :

— Qui est-ce ?

— Sandro Trevi. Marchand d'épices de son état. Il possédait seulement ce petit commerce. Le moins qu'on puisse dire, c'est que ses affaires ne semblaient pas florissantes.

— Et qui l'a trouvé ?

— Beatrice Neretti, la femme de l'apothicaire de la Via della Torre. Elle en tremble encore, la pauvre...

— Que faisait-elle ici ?

— Elle prétend être venue chercher des épices pour les besoins d'un onguent. Voyant la porte fermée, elle est passée par-derrière et l'a trouvé comme ça. Elle n'a touché à rien.

— Qui le pourrait ? À part toi, bien sûr... Est-ce le même assassin ?

— Sa signature est la même, en tout cas. Je doute qu'on trouve deux tueurs aussi imaginatifs dans toute l'Italie.

— Qu'a-t-on fait à ce malheureux ?

— Si on veut remettre les choses dans l'ordre, on peut imaginer qu'il a d'abord été soulevé à l'aide de cette corde, glissée autour de la poutre, là-haut. Puis on a introduit la pointe de cette lance dans son fondement. Le poids du corps a fait le reste : elle s'est enfoncée lentement, déchiquetant ses boyaux et perforant le poumon gauche. Elle est ressortie par la poitrine, un peu au-dessus du cœur.

— Combien de temps a-t-il mis pour mourir ?

— La lance a dû mettre une bonne heure pour le traverser, sans pour autant causer la mort.

— Qu'est-ce qui l'a tué alors ?

— L'assassin lui a tranché en même temps les

membres au niveau des coudes et des genoux. Il a découpé les muscles et les articulations, puis a fini par fracasser les jointures avec un marteau.

— Mon Dieu ! articula péniblement le gonfalonier, sans que Corbinelli ne songe à interrompre sa minutieuse description du cadavre.

— Le pire reste à venir... Le tueur a pris soin de garrotter chacun des membres avant de couper les artères, ce qui a permis d'éviter que Trevi ne se vide trop vite de son sang.

Soderini pâlissait à vue d'œil.

— Avant de défaire les garrots, il lui a coupé la langue, les oreilles et le nez. Tout est là, dans le bocal posé sur l'étagère. Je n'ai pas retrouvé les yeux, par contre.

Le médecin désigna du doigt un récipient empli d'un liquide rougeâtre dans lequel flottaient quelques lambeaux de chair.

— Trevi est mort instantanément. Son sang s'est échappé d'un coup. Il y en a sur le sol et sur les murs, partout en fait...

— Il a dû souffrir comme un damné. Personne n'a rien entendu ?

— C'est sans doute là l'aspect le plus intéressant de cette mise à mort, Excellence. Venez voir !

Le gonfalonier s'approcha prudemment du cadavre, en évitant de marcher dans les flaques de sang encore humides. Corbinelli prit son mouchoir, le trempa dans le seau d'eau qui se trouvait à ses pieds et le passa sur le cou du cadavre.

— Je me suis moi-même posé la question, car il n'a pas été bâillonné. Il m'a fallu du temps, mais j'ai quand même fini par comprendre.

— Que dois-je voir ? Ces deux petites coupures, là ?

— On lui a tranché les cordes vocales, à vif bien sûr. La douleur a dû être insupportable. Je vous laisse imaginer la difficulté de l'opération sur un vivant… Je ne suis moi-même pas certain d'y parvenir sur un cadavre. Or l'assassin a opéré avec brio – si je puis me permettre un commentaire d'ordre technique.

Ce détail acheva d'écœurer le gonfalonier, qui sortit de la boutique à grandes enjambées. Ruberto Malatesta l'attendait dehors, entouré de quelques soldats. Soderini lui fit signe de le rejoindre.

— Tu n'entres pas ?

— Oh, non ! J'ai jeté un coup d'œil de loin, ça m'a suffi. Je n'ai pas le cœur aussi solidement accroché que Corbinelli. Il aime le sang. Pour ma part, je ne répugne pas à le faire couler. C'est tout à fait différent.

— Tu préfères les prémisses et lui la conclusion, si je comprends bien…

Connaissant parfaitement les sentiments de son homme de main à l'encontre du médecin, Soderini ne s'attarda pas sur le sujet.

— Que penses-tu de tout cela ?

— Je suis un peu perdu, Excellence. Il n'y a aucune cohérence dans la succession des meurtres. Le mode opératoire est chaque fois différent. Leur seul point commun est l'énucléation.

— Tu vois un lien entre les victimes ?

— J'ai mené une enquête très serrée sur les deux premières. Ces hommes ne semblaient pas se connaître. Quant au marchand d'épices, Del Garbo et Corsoli ont peut-être fréquenté sa boutique, comme tout le monde. Rien ne prouve que leurs relations aient jamais dépassé ce cadre.

— Pourquoi ont-ils été tués si sauvagement alors ?

— J'en suis arrivé à une conclusion identique à celle de Corbinelli. L'acte en lui-même importe moins que la manière dont il a été mis en scène.

— Oui, le tueur transforme ses crimes en spectacle. Il veut que tout le monde sache qu'il existe et…

Au bout de la rue était apparue la silhouette longiligne de Tommaso Valori.

— Il ne manquait plus que cet imbécile pour compléter le tableau des horreurs…, murmura Soderini.

Le bras droit de Savonarole marchait en tête de la procession, suivi d'une dizaine d'adolescents, dont le plus vieux ne devait pas avoir plus de quinze ans. Les enfants s'avançaient deux par deux en chantant une litanie lugubre. Tous arboraient le visage sévère et fermé de ceux que l'insouciance a depuis longtemps abandonnés.

Quelques années auparavant, lorsque son mouvement religieux commençait tout juste à se développer, Savonarole avait eu l'intuition que le meilleur moyen d'amender les mœurs des pères était de commencer par corriger celles de leurs fils. Il avait ainsi organisé de joyeux banquets pour les enfants, mais l'ambiance festive des premières réunions s'était vite éteinte. Les chants et les rires du début avaient laissé la place au recueillement et aux cérémonies religieuses.

Maître d'œuvre de cette évolution, Tommaso Valori avait transformé cette multitude en une milice violente, toujours prête à faire le coup de poing contre ceux dont les écarts, pensait-il, étaient la cause principale des malheurs de la cité. Gare au poivrot ou au parieur qui tombaient entre les griffes de ses jeunes soldats de Dieu lorsqu'ils se répandaient dans les rues, de solides gourdins à la main…

— Je les fais repousser par mes hommes, Excellence ?

— Je ne vois pas en quoi cela pourrait nous avancer. Ces gamins ont l'air encore plus déterminés que d'habitude. Je ne veux pas d'une bataille rangée ici. Ce serait offrir ma tête sur un plateau à mes adversaires.

Soderini croisa les bras en attendant que la petite troupe se rapproche. Valori fit un geste pour marquer l'arrêt et s'avança seul vers le gonfalonier. Un silence total envahit brusquement la rue. Il se planta devant le gonfalonier et le toisa durant un long moment.

Déstabilisé par cette attitude inhabituelle, Soderini attendit quelques secondes, puis l'interpella, sur un ton ironique :

— Quel bon vent vous amène par ici ? Il est vrai qu'une petite procession de bon matin fait toujours du bien. Vous n'oublierez pas de prier pour Malatesta et moi, j'espère ?

Valori ne parut nullement troublé par cette attaque frontale. Il répondit à la provocation d'une voix calme :

— Vous avez trouvé un nouveau cadavre, paraît-il. Si je sais compter, nous en sommes à trois en autant de jours. Peut-être serait-il temps d'agir ?

— Nous nous y efforçons, rassurez-vous. J'ai donné à Malatesta tous les moyens nécessaires pour traquer cet ignoble assassin.

Valori pointa sur lui un doigt menaçant :

— Le Seigneur nous a envoyé ce châtiment pour nous punir d'avoir préféré le lucre à la prière ! Il veut que nous purgions Florence de tous les péchés qui la souillent ! Vous auriez dû vous atteler à cette tâche il y a bien longtemps, Excellence.

Incapable d'interrompre cet inextinguible flot de paroles, Soderini laissa Valori poursuivre son admonestation. Les yeux enfiévrés, celui-ci se retourna vers ses fidèles et vociféra à leur adresse, l'index dressé vers le ciel :

— Nous allons nettoyer la ville de tout ce vice ! Détournons les âmes de la lascivité et ramenons-les vers le Sauveur !

— Amen ! clamèrent-ils en chœur, la même expression extatique sur le visage.

Valori fixa une dernière fois le gonfalonier. Tout autant que ses mots, son regard était imprégné d'une sourde menace.

— Agissez vite, Excellence, ou nous devrons le faire à votre place !

Il conclut son injonction en crachant sur le sol, à quelques pouces de la botte de Soderini. Une flamme de haine brillait dans ses yeux. D'un mouvement brusque, il tourna le dos à son interlocuteur et s'éloigna d'un pas assuré, suivi de sa petite troupe.

Le gonfalonier ne parla pas avant de les avoir vus disparaître au loin.

— Combien de temps ces illuminés vont-ils se retenir avant de mettre la ville à feu et à sang ?

— Pas longtemps, Excellence, j'en ai bien peur ! Nous devons trouver le coupable avant que leur rage ne devienne incontrôlable. Il en va de votre crédibilité. Et de nos vies, je le crains…

10

Piero Guicciardini arriva en retard au cours de Marsilio Ficino. Les autres élèves saluèrent son arrivée par un frémissement, tout autant dû à l'insupportable odeur qu'il répandait derrière lui qu'à la surprise de le revoir au terme d'une si longue absence.

Après seulement dix minutes, il se lança dans une série de soupirs. La leçon du jour était consacrée aux principaux écrits de saint Thomas d'Aquin, dont, bien sûr, il n'avait jamais entendu parler. Il reposa sa plume sur l'écritoire et, pour tromper son ennui, entreprit de détailler ses compagnons de souffrance.

Parmi la dizaine d'élèves qui l'entouraient, tous issus des meilleures familles, pas un ne comprenait le moindre mot du cours. Cela ne les empêchait pas d'adopter un air inspiré et d'opiner du chef après chaque phrase du philosophe.

Impressionné lui-même par la science de son vieux maître, Guicciardini ne voyait cependant pas à quoi elle pourrait lui servir. Il détestait la rhétorique, vomissait le droit canon, exécrait la philosophie et plus encore l'histoire. Sans parler de sa répulsion pour tout ce qui avait un rapport, même lointain, avec les mathématiques. Seule la poésie parvenait à l'intéresser, parce qu'il puisait en elle les métaphores qui donnaient à ses chansons un vernis culturel très prisé par ses compagnons de beuverie.

Son titre de compositeur le plus instruit de la cité devait donc beaucoup à l'enseignement de Ficino. Loin d'être un ingrat, Guicciardini lui rendait hommage en venant parfois suivre les leçons qu'il dispensait dans la salle de lecture de la Bibliothèque médicéenne.

Malgré sa bonne volonté, la philosophie thomiste était trop éloignée de ses préoccupations quotidiennes pour qu'il pût prolonger plus longtemps son effort d'attention. Il décida de s'accorder quelques instants de repos. Tandis que la voix de Ficino devenait un simple bruit de fond, ses yeux vagabondèrent dans la pièce et se fixèrent par hasard sur la fresque de Masaccio.

Il avait toujours détesté cette œuvre. Les trois gloires de la littérature toscane y étaient figées dans une attitude hiératique. Une composition beaucoup plus distrayante prit forme dans son esprit. Il imagina Dante, sous le coup d'une incontrôlable jalousie littéraire, abattant sur le crâne de Boccace le livre qu'il tenait sous le bras. Soucieux de venger son ami, Pétraque aurait violemment souffleté l'auteur de la *Divine Comédie*. Le guet aurait alors surgi et jeté les trois vénérables poètes dans le plus sombre cachot du Bargello, au beau milieu des rats et des déjections. Souriant à la pensée de cette scène terrible pour la dignité culturelle florentine, Guicciardini sut qu'il tenait là un merveilleux sujet de chanson.

Sa soudaine révélation se traduisit par un hoquet d'une rare violence. Il souleva d'un bond sa lourde masse et se mit à gesticuler. Convaincus d'être face à un spectaculaire exemple de maladie nerveuse, les membres de l'assemblée le contemplèrent médusés.

— Allez, sortez tous ! Dépêchez-vous, dehors !

D'un même mouvement, tous les élèves quittèrent la pièce, à l'exception de son voisin de gauche, dont le réveil fut brutal. Dernier rejeton de la famille des Pazzi, le malheureux devait bien plus à la consanguinité qui frappait la lignée de sa mère qu'à la noble virilité de son père. Guicciardini l'attrapa par le col de sa tunique et le secoua violemment.

— Tu m'as entendu ? J'ai dit dehors !

Sa victime saisit cette fois-ci parfaitement le message et quitta la pièce en courant, sans même prendre la peine d'emporter ses affaires, pendant que Francesco Vettori se tordait de rire sur sa chaise.

— Es-tu certain que tout va bien, Piero ? l'interrogea Ficino. Veux-tu que nous allions consulter Corbinelli ? Il doit bien avoir des traités où l'on parle de cas similaires au tien.

— Je me porte à merveille, maître, je vous assure !

Devant la perplexité de son professeur, Guicciardini se décida à lui fournir de plus amples explications :

— Vous aviez raison. La solution de l'énigme de Del Garbo se trouve bien ici.

D'un air décidé, il alla se planter au pied de la fresque restaurée par Del Garbo.

— La réponse était si flagrante que nous n'avons pas été capables de la voir.

— Je crois que la vitesse de ton raisonnement dépasse de loin notre capacité d'entendement, Piero. Si tu t'expliquais ?

— C'est très simple ! Que vous a-t-on volé, maître ?

Le vieillard réfléchit un court instant, puis son visage s'illumina :

— Bien sûr, c'est l'évidence même… Et il est resté là, sous mes yeux, durant tout ce temps !

Vexé de se sentir exclu de cette connivence, Vettori intervint :

— Allez-vous enfin m'expliquer ou bien faut-il que je vous laisse entre grands penseurs ?

— Ne te fâche pas, Francesco ! Piero va t'expliquer.

— Que vois-tu dans les mains de Dante ?

— Un livre, et alors ? Le livre de Dante… Évidemment, vu sous cet angle, ça devient facile.

— Le voleur connaissait le lieu et le nom de l'auteur. Il n'a pas imaginé une seule seconde que ce qu'il cherchait était en fait une image.

— Comme il n'a rien trouvé dans le manuscrit volé, il est retourné dans l'atelier de Del Garbo pour y chercher un autre indice.

— Espérons que, dans sa rage, il n'ait pas détruit le manuscrit ! finit par conclure le philosophe, rattrapé par ses obsessions bibliophiles.

— Ne vous inquiétez pas, le rassura mollement Vettori. Nous le retrouverons, ce n'est qu'une question de temps. En attendant, qu'a-t-il de spécial, ce livre ?

De l'index, Guicciardini désigna la tranche de l'ouvrage peint sur le mur.

— Que lis-tu, Francesco ?

— *De rerum natura*. C'est un livre de Lucrèce. Vous en avez parlé il y a quelques mois, maître, je m'en souviens comme si c'était hier.

Ficino secoua la tête d'un air désolé.

— Tu n'as pas suivi mes leçons avec toute l'attention nécessaire. Masaccio n'a pas pu peindre Dante tenant le

De rerum natura de Lucrèce. Ce texte était perdu depuis l'Antiquité. Il a été retrouvé il y a moins de vingt ans. Masaccio était mort depuis plus d'un siècle.

— Del Garbo était malin, intervint Guicciardini. Il s'est contenté de modifier la tranche du livre. Si je me souviens bien, il s'agissait avant du *De republica* de Cicéron. Il nous a indiqué où chercher. L'indice doit logiquement se trouver dans le manuscrit de Lucrèce.

Vettori leva les yeux au ciel et soupira de désespoir :

— Ne parle pas de logique, Ciccio ! Rien n'est logique dans cette histoire. Il y a d'abord cette accumulation de cadavres et puis maintenant cette chasse au trésor… Tu sais où il se trouve, toi, ce maudit livre ?

— Lui, non. Mais moi, oui.

Marsilio Ficino avait parlé d'une voix assurée. Le vieillard dévoré par le doute des derniers mois semblait avoir disparu, comme si cette quête avait brutalement redonné un sens à son existence.

— En ce temps-là, tu étais à peine né, Piero ; et toi, Francesco, tu n'existais sans doute pas encore. Un de mes amis, Poggio Bracciolini, a retrouvé une copie médiévale de ce texte et me l'a confiée. Elle se trouve ici même.

— Mais comment Del Garbo aurait-il pu l'approcher ?

— Je crois le savoir. J'ai demandé à un clerc de restaurer la reliure. Il était précisément installé sur cette écritoire, la plus proche d'où travaillait le peintre.

— À quel moment aurait-il pu y avoir accès ?

— Sa journée de travail terminée, le clerc se contentait de ranger le manuscrit dans le tiroir. Et, comme je vous l'ai dit, Del Garbo travaillait jour et nuit pour finir la restauration à temps. Il se trouvait donc seul ici le soir.

— Rien de plus facile que d'ouvrir le tiroir et glisser quelque chose dans le manuscrit... Est-il toujours à sa place ?

— *A priori*, oui.

Les deux jeunes gens s'approchèrent timidement de l'endroit que leur désignait Ficino. La perspective de résoudre enfin le mystère semblait les paralyser. D'une main tremblante, Guicciardini ouvrit le tiroir.

L'ouvrage était en bon état, compte tenu de son âge. Quelques feuillets étaient tachés ou en partie déchirés, mais l'ensemble restait parfaitement lisible. L'adolescent vérifia qu'aucun ajout n'avait été apporté puis, perplexe, reposa le précieux manuscrit sur l'écritoire.

Vettori prit alors les choses en main. Sans la moindre hésitation, il ouvrit le livre à la dernière page et arracha le rabat interne de la reliure, tandis que Ficino demandait au Seigneur quel péché mortel il avait bien pu commettre pour avoir des élèves à ce point barbares. Malgré les éructations du vieillard, Vettori poursuivit son entreprise de destruction. Il finit par arracher ce qui restait de reliure d'un vigoureux coup de poignet.

À l'instant précis où le cuir se détachait, un feuillet tomba en voltigeant sur le sol carrelé. Vettori le déplia en prenant garde à ne pas le froisser davantage. Au centre de la page, une plume inconnue avait rédigé quelques mots à l'encre noire, d'une écriture fine et régulière.

Il lut le texte à voix haute :

— « Par la présente, nous autorisons le porteur à retirer en notre nom la somme de trois cents ducats. » Il y a aussi une date, le 22 janvier 1498, et une sorte de cote, 18-9.

— C'est tout ? demanda Guicciardini. Une simple lettre de change ?

— La date de rédaction correspond au moment où Del Garbo travaillait ici. J'ignore par contre ce que peut bien désigner la cote. Nous devons identifier l'auteur et le destinataire, sinon nous n'en tirerons rien. Seul un notaire est habilité à rédiger ce type de lettre. Il doit en rester une trace dans les archives de la ville.

— Vous oubliez un petit détail, intervint Guicciardini. Les documents de ce type sont enfermés dans une pièce fermée à double tour. Même Niccolò n'y a pas accès. Et devinez qui a la seule clé qui ouvre la porte ?

Vettori geignit plus qu'il ne parla :

— Ser Antonio, je parie...

Lorsque ser Antonio était entré en fonctions, près de vingt ans auparavant, les actes notariés étaient empilés dans le grenier, à la merci des rats et du ruissellement des eaux de pluie. Convaincu que la force d'un État se mesurait au soin que mettaient en œuvre ses représentants pour en conserver la mémoire, le chancelier était ulcéré par ce terrible gâchis. Pris d'une incontrôlable frénésie, il avait un jour décidé d'inventer un système de rangement aussi parfait qu'inédit.

Accaparé par cet objectif suprême, il consacrait tous ses efforts à perfectionner le classement des dossiers rassemblés dans son repaire. Cette passion le dévorait tant qu'il y avait installé un lit et y passait la plupart de ses nuits. Trois ou quatre fois par semaine, il se postait au centre de la pièce, fermait les yeux et humait goulûment l'odeur subtile du papier cacheté de cire. Son travail terminé, il s'endormait alors d'un sommeil profond, certain que les archives de Dieu n'étaient pas aussi bien classées que celles de la république.

Sa quête obsessionnelle continuait de lui valoir l'ironie de beaucoup. Il était pourtant convaincu que les railleurs du jour seraient les zélateurs du lendemain. Grâce à lui allaient naître de nouvelles perspectives. Les chanceliers des plus grandes cours européennes viendraient le consulter, pour à leur tour transformer leurs archives en véritables œuvres d'art.

Devenir le maître incontesté de l'intelligence archivistique, tel était le glorieux destin auquel ser Antonio se savait promis.

Il pouvait rester des heures à contempler son trésor administratif, à la recherche du moindre document déplacé ou simplement posé de travers. En conséquence, de peur que son bel ordre ne soit dérangé par des mains maladroites ou simplement indignes de toucher des notes si magistralement classées, il n'autorisait personne à pénétrer dans son sanctuaire.

Située au premier étage de l'aile ouest du Palazzo Comunale, la pièce était en permanence surveillée par deux gardes armés. La clé qui ouvrait la porte était nouée au cou du chancelier par une fine cordelette de soie rouge.

Depuis de longs mois, celui-ci réclamait l'installation de solides barreaux d'acier devant la fenêtre ouverte sur la Piazza della Signoria. Soderini avait eu beau lui faire remarquer que cette ouverture était tellement minuscule qu'un homme, si petit fût-il, ne pourrait s'y glisser, ser Antonio n'en démordait pas et réitérait sa demande chaque semaine.

Au moins le gonfalonier avait-il raison sur un point : un homme était certes trop large pour le faire – mais pas un enfant.

Marco y parvint d'autant plus facilement que le système de fermeture était réduit à sa plus simple expression. Il ouvrit largement la fenêtre, puis fit signe à Deogratias de le soulever un peu plus haut encore. Non loin, Machiavel faisait le guet, vérifiant de temps à autre que Vettori et Guicciardini, postés à des emplacements stratégiques de la place, ne s'endormaient pas.

Dans le silence le plus complet, Marco se glissa à l'intérieur. Ses yeux s'habituèrent peu à peu à l'obscurité de la pièce. Comme il s'y attendait, les murs étaient couverts d'actes notariés, tous parfaitement alignés.

Un peu découragé par la profusion de documents, il extirpa de sa poche le bout de papier sur lequel Annalisa avait recopié les indications de la lettre de change. Bien qu'il les connût par cœur, il les relut encore une fois. Si l'obsession du chancelier pour le rangement était aussi absolue qu'on l'affirmait, un des pans de la bibliothèque devait théoriquement rassembler les actes enregistrés au cours du mois de janvier 1498.

Il s'approcha du rayonnage le plus proche et en tira un feuillet au hasard. La date de décembre 1497 était inscrite sur la première page. Très excité par cette découverte, il fit glisser sa main et s'empara d'un nouveau parchemin, constatant avec stupéfaction qu'il remontait au mois de mars 1491.

Il empoigna une liasse de feuillets et les étala sur le lit. Rédigés entre 1485 et 1498, sans continuité chronologique, ils étaient presque illisibles, tant l'encre utilisée par le clerc était passée. Ceux de l'étagère voisine avaient en commun la même calligraphie élégante et souple. La section suivante se distinguait par des traces de pliures infligées par des mains maladroites à la partie supérieure de chaque page.

Marco remit en place les dossiers d'un geste rageur. De toute évidence, ser Antonio était le seul à connaître la logique du fameux système dont il se vantait dans toute la ville. Il fallait un esprit aussi dérangé que le sien pour concevoir ces étranges appariements.

Une nuit de travail ne suffirait pas à trier le quart des documents de la pièce. Marco s'apprêtait à abandonner tout espoir lorsque les chiffres du message caché par Del Garbo lui revinrent à l'esprit. Chaque pan de mur supportait douze étagères, ce qui portait le nombre total de rayonnages à quarante-huit. Il partit du rang le plus bas, sur la première paroi, et compta les étagères en remontant. La dix-huitième se trouvait ainsi sur la cloison opposée à la porte, à mi-hauteur.

Le cœur battant, il constata avec soulagement que l'acte portait la date du 22 janvier 1498. Il glissa la feuille sous sa chemise et s'approcha de la fenêtre. Il avait déjà passé la jambe par l'ouverture lorsque quelqu'un introduisit une clé dans la serrure.

Pris de panique, Marco comprit qu'il n'aurait pas le temps de se faufiler par la fenêtre. En désespoir de cause, il se précipita sous le lit.

Une bougie vacillante illumina la pièce. De l'endroit où il se trouvait, Marco pouvait voir les jambes chétives de ser Antonio arpenter la pièce de long en large. Le chancelier courait frénétiquement d'une étagère à l'autre. De temps à autre, il retirait un feuillet au hasard et l'observait quelques secondes, avant de le remettre sur un rayonnage plus approprié.

Vingt minutes durant, ser Antonio tournoya dans la pièce, puis il s'allongea soudain sur le lit, exhalant son haleine lourde à quelques centimètres à peine du visage de Marco. De grosses gouttes de sueur glissèrent lentement sur le front du garçon. Terrifié à l'idée de ce que pourrait lui faire le chancelier s'il le trouvait là, il ferma les yeux et récita un *Pater* en silence.

Au bout de quelques instants, un ronflement l'avertit que ser Antonio dormait profondément. Marco attendit encore une minute ou deux, puis, n'y tenant plus, rampa sans bruit jusqu'à la fenêtre. Dès que Deogratias fut prêt à le recevoir, il se glissa les pieds en avant et disparut dans l'obscurité.

Comme à son habitude, Guicciardini se montra incapable de retenir un cri d'exclamation. Il fit signe aux buveurs de se concentrer à nouveau sur leurs verres. Lorsque le bruit de fond fut redevenu suffisant pour garantir la discrétion de la tablée, il s'exclama, à voix basse cette fois :

— Incroyable ! La lettre de change est signée par l'ambassadeur français, le cardinal de Saint-Malo !

— Je ne m'attendais pas à ça ! renchérit Machiavel. Comment diable Del Garbo a-t-il pu mettre la main dessus ?

— Il lui a peut-être vendu un tableau ? supposa Marco.

Guicciardini réduisit à néant cette hypothèse avec un ricanement cruel :

— J'ai du mal à le croire ! Un personnage aussi important aurait eu recours à un tel tâcheron ? S'il avait voulu un tableau pour orner les murs de son palais, il aurait certainement fait appel à un artiste plus talentueux. Qu'en penses-tu, Niccolò ?

Un peu gêné d'être ainsi désigné comme le cerveau du groupe, Machiavel réfléchit quelques secondes, puis hocha la tête.

— Tu as raison, Ciccio. Del Garbo a dû se procurer cette lettre autrement.

— En tout cas, dit Vettori tout en lorgnant une fille de joie fort mamelue, ce bout de papier doit être important, sans quoi Del Garbo n'aurait pas pris la peine de le dissimuler ainsi.

— Si le nain dépense tant d'énergie pour la récupérer, c'est qu'il représente bien plus de trois cents ducats. On ne tue pas trois personnes pour une somme si dérisoire.

L'ascendant du secrétaire sur le groupe se faisait de plus en plus évident. Tous lui reconnaissaient une sorte de prééminence intellectuelle, sans doute due aux espoirs placés en lui par Marsilio Ficino.

Déçu par les récents bouleversements politiques, le philosophe se sentait perdu dans un univers qui n'était plus le sien. Machiavel représentait une chance unique de voir son héritage philosophique prendre racine dans la cité.

Teresa vint briser le silence de la tablée.

— Alors les garçons, où en est votre enquête ?

— Elle avance, Teresa. Nous sommes sur le point d'en savoir assez pour nous faire tuer dans d'atroces souffrances.

Exceptionnellement, Teresa ne gratifia pas la saillie de Vettori d'une de ces bourrades dont elle avait le secret. Prêt à recevoir le coup, le jeune homme avait déjà rentré la tête dans ses épaules. En une fraction de seconde, ses traits passèrent de la crispation à l'étonnement, puis au soulagement du condamné sauvé de l'exécution à la toute dernière minute.

— S'il y a de la bagarre, n'hésitez pas à m'appeler, en tout cas.

— Merci, Teresa, répondit Machiavel. J'espère que nous n'aurons pas besoin de ton aide. En attendant, levons notre verre à Marco, qui s'est montré aujourd'hui d'un courage remarquable !

Le garçon rougit sous le compliment et trinqua avec les autres. Une lueur de fierté brillait dans ses yeux pleins de sommeil. Fier de son protégé, Deogratias posa la main sur son épaule, ce qui s'apparentait pour lui à une démonstration d'affection particulièrement expansive.

Comme chaque soir, l'établissement tenu par Teresa était bondé. La chaleur moite des corps en sueur rendait l'atmosphère poisseuse et étouffante. Il y régnait un tel vacarme qu'il fallait presque hurler pour se faire entendre. L'apothéose était atteinte dès qu'un groupe entonnait une chanson, car des braillements concurrents s'élevaient aussitôt d'un autre côté de la salle. Par bonheur, cette compétition se terminait toujours par des embrassades teintées de relents d'alcool et d'amitié virile.

Teresa traînait avec souplesse sa large carcasse au milieu de cette meute avinée. Les mains chargées de pichets, elle allait d'une table à l'autre, discutant avec certains, riant avec d'autres, remettant à leur place les plus indélicats, sans jamais se départir de cette rude bonhomie qui avait fait de son établissement le lieu de débauche le plus réputé de la ville.

— Que comptez-vous faire, maintenant ? demanda Deogratias de sa voix étrange.

— Nous n'avons guère le choix. Il faut en savoir plus sur le cardinal de Saint-Malo.

— Tu veux qu'on le surveille, c'est ça, Niccolò ?

— Exactement. Nous allons le suivre à tour de rôle. Nous ne pouvons rien faire de plus pour l'instant. Nos adversaires doivent néanmoins ignorer le plus longtemps possible l'existence de la lettre. Je compte sur toi pour garder ta langue, Ciccio, n'est-ce pas ?

Guicciardini leva les yeux au ciel.

— Comment peux-tu croire un seul instant que je pourrais me laisser aller à des indiscrétions ? Je préférerais mourir que de trahir mes amis !

— Ne serait-il pas plus prudent de lui couper la langue par précaution ? demanda Marco.

Guicciardini le fixa en faisant glisser son index sur son cou. Marco gémit :

— Au secours, cet ignoble assassin en veut à ma vie ! Défendez un pauvre enfant contre ce tueur !

La scène s'acheva dans un éclat de rire général, puis Marco, terrassé par la fatigue, se lova contre l'épaule de Deogratias et s'endormit. Avec une délicatesse extrême, le serviteur prit l'enfant dans ses bras démesurés et le conduisit hors de la taverne.

11

Ruberto Malatesta avait mis près de cinquante ans à comprendre que l'âme humaine ressemble à ces délicats petits bureaux marquetés qui, sous une apparente simplicité, dissimulent en fait une multitude de tiroirs cachés. S'il paraissait imperméable à toute forme de tourment intérieur, le mercenaire voyait son inébranlable force de caractère s'effriter chaque jour davantage sous les assauts des douloureuses résurgences de son passé guerrier.

Malatesta avait tué pour la première fois à quinze ans, presque par hasard. Affamé, un traînard de l'armée milanaise était entré dans la ferme où il vivait seul avec sa mère. Après avoir tué la plus grosse des oies, le soldat avait demandé à sa mère de la cuire. Une fois rassasié, il l'avait assommée, contrarié par son refus catégorique de lui accorder ses faveurs. L'adolescent était intervenu au moment précis où il s'apprêtait à profiter de l'inconscience de sa mère.

Avec un sang-froid dont il ne serait pas cru capable, il avait planté son couteau de chasse dans les reins de l'agresseur. Il l'avait ensuite achevé en lui enfonçant la lame dans le cœur, comme son père lui avait appris à le faire avec les chiens enragés. Le soudard l'avait contemplé avec effarement, surpris que la main d'un gamin ait pu trancher aussi aisément le fil de sa vie, lui qui avait survécu à tant de combats.

Curieusement, la lame avait causé des blessures presque invisibles. Seule une petite tache de sang maculait sa tunique. Malatesta avait contemplé sa brève agonie d'un œil détaché, sans ressentir plus d'émotion que s'il avait tué un animal.

Après cette incursion précoce dans son existence, la mort ne l'avait plus quitté. À vingt ans, il était entré dans la compagnie du mercenaire Bartolomeo Colleoni, aux côtés duquel il avait combattu dans toute l'Italie. Trente ans de cette vie féroce avaient forgé son esprit tout autant que son corps.

Témoin privilégié de la cruauté de son temps, Malatesta savait que seule une stricte éthique personnelle lui permettrait de ne pas se laisser dominer par ses instincts meurtriers. Certains de ses compagnons avaient choisi le secours de la religion pour oublier le sang et la violence. Malatesta, lui, avait opté pour celui de l'honneur.

Tuer ne le dérangeait pas, à la seule condition que soient respectées certaines règles de base. La plus importante était de ne jamais donner la mort pour des raisons personnelles. Il combattait pour l'argent, et rien d'autre. Les causes ou les idéaux n'avaient aucune place dans son univers.

La seconde règle lui intimait d'épargner les populations civiles. Lorsque cela n'était pas possible, il laissait faire ses compagnons et s'éloignait assez pour ne pas entendre les hurlements.

La guerre était donc devenue pour lui une sorte de rite, qu'il accomplissait presque machinalement, appliquant les consignes à la lettre et évitant toute initiative personnelle. Cela ne lui permettait pas d'éluder sa responsabilité directe dans la mort de ses adversaires, mais c'était la manière le plus efficace de repousser à plus tard les problèmes de conscience.

Las de l'odeur de sang et de poudre qui flottait sans cesse autour de lui, il avait quitté ce monde de fureur sans regret, ni fortune, avec pour seul capital quelques miettes de gloire et un corps endolori.

Il s'était alors résigné à devenir l'homme de main de quelques nobliaux de province. Après plusieurs années passées à pourchasser les voleurs de poules et à intimider mollement les paysans qui rechignaient à payer leurs impôts, il était revenu à Florence juste à temps pour assister à l'instauration de la république.

Il avait offert ses services à Soderini, éliminant l'un après l'autre tous les obstacles qui s'étaient dressés devant celui-ci. Malatesta était ainsi entré dans le dernier cercle du pouvoir, celui où, pour la première fois de sa vie, il pouvait laisser à d'autres le soin d'exercer la violence à sa place.

Les fantômes de ceux qui avaient eu le malheur de croiser son épée avaient attendu ce moment précis pour venir le tourmenter. Tous les remords qu'il avait pris soin de repousser dans le tréfonds de son esprit, du temps de sa vie guerrière, avaient brutalement resurgi et ne cessaient plus de le hanter.

Lorsque les souvenirs macabres affluaient en masse, Malatesta se réfugiait dans ce qu'il faisait le mieux : le combat. Seul dans la salle d'armes du Palazzo Comunale, il s'épuisait des heures durant sur des mannequins d'exercice, jusqu'à ce que la douleur envahisse son corps et son cerveau et l'empêche de penser.

Il n'avait aucune idée du temps passé à répéter inlassablement ses assauts. Le mannequin de cuir gardait les traces de ses coups sauvages. Ses muscles luisaient d'une sueur brûlante et poisseuse, mais il était presque parvenu à repousser ses adversaires invisibles.

Il entendit la porte de la salle d'armes s'ouvrir et se retourna, prêt à sermonner le soldat qui venait le déranger en dépit de ses ordres. Sa surprise fut telle que les mots s'étranglèrent dans sa gorge. Devant lui, couvert de son ample chapeau rouge, se tenait le cardinal de Saint-Malo.

Un sourire aux lèvres, l'ambassadeur s'approcha du mercenaire et lui tendit sa main potelée. Malatesta refusa d'embrasser la bague qu'on lui présentait. Guère troublé par cette hostilité, le prélat retira son avant-bras et le laissa pendre le long de sa bedaine.

Les deux hommes se toisèrent durant une longue minute, avant que Saint-Malo ne finisse par justifier sa présence :

— Je vous ai longtemps cherché, Malatesta. J'ai eu bien du mal à vous trouver.

Une lueur d'ironie se refléta dans les yeux du mercenaire.

— Il est vrai que ce n'est pas un lieu fréquenté d'ordinaire par un homme d'Église. Pourquoi vouliez-vous me voir, Éminence ?

— Je suis venu vous proposer un accord, pour notre bien commun.

Avant d'avoir pu esquisser le moindre mouvement, il sentit la pointe de l'épée de Malatesta se poser sur sa carotide. Le mercenaire accentua sa pression et la lame griffa l'épiderme du cardinal, dont le visage s'empourpra légèrement.

Malatesta plongea ses yeux glacés dans ceux de l'ecclésiastique.

— J'ai bien du mal à croire que nous puissions avoir quelque chose en commun, Éminence. Je vous écoute néanmoins. Et n'oubliez pas que, pour le moment, votre destin est entre mes mains.

— Tâchez donc de voir plus loin que le bout de votre épée, Malatesta ! Je ne suis pas venu jusque dans cette pièce puante vous parler de mon destin, mais de celui de votre cité. Répondez plutôt à cette simple question : quand cette mascarade aura enfin cessé, quand la ville aura regagné son éclat, voudrez-vous y jouer un rôle digne de vos qualités ?

La perplexité s'installa dans les pupilles du soldat. Un instant, il parut décontenancé par l'assurance du prélat. D'un geste à peine perceptible, il relâcha la pression de son arme.

— Qu'est-ce que ça signifie ?

— Soyez un peu réaliste ! Sans armée, vous n'êtes rien. N'importe qui peut s'emparer de la place en moins d'une semaine. Le pape et l'empereur le feront sans doute très vite, s'ils en ont la possibilité. Pour sa part, mon souverain préfère la négociation à la conquête. J'ai bien essayé de lui dire que vous ne méritiez pas tant de mansuétude, mais il ne veut rien entendre…

Rompu à l'exercice oratoire, le cardinal s'interrompit un moment, puis poursuivit sa démonstration :

— Vous avez besoin de notre protection si vous ne voulez pas perdre votre indépendance. Bien entendu, il vous faudra renvoyer dans leurs foyers tous ceux qui se sont opposés à nous…

— Le gonfalonier…

— Et ses principaux partisans, bien sûr. Sans parler de Savonarole, sur lequel le pape aimerait bien mettre la main. Je me suis laissé dire qu'il a pour ce maudit moine des projets fort cruels. Voir rôtir cet agitateur sur le bûcher ne lui déplairait pas, semble-t-il.

— En lui permettant d'assouvir ce fantasme, vous verrez votre position à la curie s'améliorer de manière notable, j'imagine…

— Voyons, mon fils, comment un homme d'Église pourrait-il nourrir tant d'ambitions terrestres ? Rassurez-vous, les miennes ne sont que spirituelles. Savonarole dénigre la hiérarchie catholique et lui reproche de ne pas accorder ses actes à ses discours. Sa naïveté serait presque touchante si elle n'était pas dangereuse ! Nous ne sommes pas là pour appliquer la bonne parole, mais pour l'instituer. Au fond, que nous soyons de mauvaises brebis n'a guère d'importance aux yeux du Seigneur ! Une seule chose compte vraiment : que Sa voix s'étende de par le monde. Pour cela, les gens doivent avoir une confiance aveugle en ce que leur dit l'Église romaine.

Les lèvres de Malatesta dessinèrent un sourire triste. Le mercenaire abaissa la lame de son épée.

— En réalité, l'Église a besoin du *statu quo* politique pour perpétuer sa mainmise sur le peuple. Savonarole prône un changement trop brutal pour vous. Il menace de déstabiliser votre belle stratégie de pouvoir.

— Je vois que, sous vos abords brutaux, vous avez appris à faire fonctionner votre cervelle, Malatesta ! Je connais peu d'individus capables d'exceller dans le domaine militaire et de comprendre les raisons cachées des ordres qu'on leur donne.

Malatesta eut un geste d'agacement.

— Je n'ai nul besoin que vous me flattiez, Éminence ! Les compliments n'ont plus aucun effet sur moi depuis bien longtemps. Que voulez-vous vraiment ?

Le ton de sa voix était suffisamment impérieux pour que le cardinal cessât aussitôt ses minauderies.

— Quand cette infâme république sera tombée, les Médicis reprendront le contrôle et tout redeviendra comme avant. Nous n'aurons plus à traiter avec des marchands ou des boulangers. L'Église de Rome retrouvera alors le contrôle des âmes. Le gouvernement tarde à s'écrouler. Il suffirait pourtant que quelqu'un détache quelques pierres à la base de l'édifice pour qu'il s'affaisse de lui-même. Cette personne serait bien sûr grassement récompensée. Nous avons déjà des alliés dans la place, mais votre collaboration nous permettrait de gagner un temps précieux.

Le cardinal scruta le visage de son interlocuteur dans l'attente d'une réaction. Il ne put y lire que du dégoût.

— Comment avez-vous pu imaginer une seule seconde que j'accepterais une telle proposition ? J'ai toujours respecté mes engagements. C'est l'unique raison pour laquelle j'ai survécu durant toutes ces années.

Teintée d'amertume, sa voix se fit presque inaudible :

— J'ignorais que les mercenaires avaient un sens moral plus développé que les hommes d'Église ! Quelle ironie !

— Je vous trouve mal placé pour me donner des leçons ! hurla Saint-Malo en retour. Combien d'hommes avez-vous tués durant votre brillante carrière de boucher ? Cinquante ? Cent ? Sans même parler des femmes et des bambins que, par la même occasion, vous avez passés au fil de votre épée ! Et encore, je suis certain de minimiser vos exploits !

Malatesta réagit instantanément. Du revers de la main, il frappa son adversaire juste au-dessus de la pommette gauche. Surpris par la violence du coup, le prélat s'écroula lourdement sur le sol.

— Jamais je n'ai tué par plaisir. Vous serez la première exception à cette règle.

Sonné, l'ecclésiastique se releva à grand-peine. Il se servit de la manche de son manteau pour essuyer le sang qui coulait de sa paupière.

— Décidément, vous êtes un homme comme je les aime, Malatesta. Votre absurde sens de l'honneur force mon respect. Je doute cependant que vos adversaires réagiront ainsi lorsqu'ils reprendront le pouvoir. Je vous offre votre dernière chance de dissocier votre destin de celui de Soderini. Que décidez-vous ?

Les mâchoires de Malatesta se contractèrent sous l'effet de la colère, tandis que sa main se resserrait autour du pommeau de son épée.

— Sortez d'ici avant que je ne puisse plus résister à l'envie de vous étriper. Allez proposer votre sale marché à quelqu'un d'autre.

Le cardinal se contenta de hausser les épaules. La démarche raide, il se dirigea vers la porte. Au moment où sa main se posait sur le loquet, la voix du mercenaire s'éleva à nouveau :

— Un dernier conseil, Éminence. Évitez de croiser mon chemin. Je ne suis pas certain de pouvoir retenir mon épée à l'avenir.

Lorsque la robe pourpre disparut tout à fait derrière la porte, Ruberto Malatesta se mit à frapper le mannequin de cuir avec une rage incontrôlable.

Machiavel observa la sortie du cardinal depuis la fenêtre de la pièce où ser Antonio l'avait confiné pour relire et classer une pile d'épais rapports diplomatiques.

L'ambassadeur français semblait d'humeur exécrable. Il tâta le coin de sa paupière et, d'un geste rageur, essuya ses doigts maculés de sang sur sa longue capeline. Sans prêter la moindre attention à la silhouette qui se faufilait à sa suite, il s'éloigna d'un pas rapide du Palazzo Comunale.

Francesco Vettori passa la porte quelques secondes à peine après le gros prélat et s'engagea à son tour sur la Piazza della Signoria. Deux heures plus tard, Machiavel terminait enfin son travail et s'enfuyait du palais à l'insu du chancelier. Guicciardini l'attendait chez lui, vautré sur le fauteuil de sa salle d'étude. Il régnait dans la pièce le même désordre désespérant que lors de sa précédente visite. Toujours appuyé contre la bibliothèque, le tableau de Del Garbo donnait à l'ensemble un aspect discordant.

— La surveillance s'est bien passée, Ciccio ?

Avant de répondre, Guicciardini prit le temps de s'étirer et bâilla à s'arracher les mâchoires.

— Parfaitement. Francesco a fait la matinée, je l'ai remplacé à midi et il m'a relevé il y a environ deux heures.

— Qu'a fait Saint-Malo ?

— Rien de bien intéressant… Ah, si ! Ce matin, il a passé quelques minutes dans la salle d'armes du Palazzo Comunale. Il en est ressorti avec une blessure au visage.

— Je sais, je l'ai vu moi aussi. Malatesta a fait irruption peu de temps après lui. Je ne sais pas ce que Saint-Malo lui a dit, mais il avait l'air furieux. Et après ?

— Il est allé directement déjeuner à l'auberge de Tanai de' Nerli. Je me suis installé à quelques tables de lui. Il a mangé un cuissot de chevreuil, un pâté de volaille et quelques fruits, le tout accompagné d'une bouteille de vin. Je n'avais pas très faim, ce midi, alors j'ai juste commandé une assiette de fegatini.

Machiavel esquissa un geste de découragement. Il poursuivit ses questions en s'efforçant de garder son calme :

— Je me moque de vos menus respectifs, Ciccio. Où est-il allé ensuite ?

— Il a rendu visite à plusieurs marchands français, dont voici la liste.

Il tendit à son ami une feuille graisseuse sur laquelle étaient griffonnés quelques noms. Machiavel y jeta un rapide coup d'œil avant de la lui rendre.

— Rien de bien intéressant.

— Je savais que tu dirais ça. La suite est encore moins passionnante. Il est rentré chez lui et n'en a plus bougé. Francesco s'ennuie ferme ; tu devrais aller le remplacer.

— Parfait, allons-y tout de suite.

Les deux garçons parvinrent très vite devant la demeure de l'ambassadeur français. C'était une large bâtisse construite près d'un siècle plus tôt par un négociant en grain dont la fortune s'était effilochée au fur et à mesure que s'éternisait la guerre. Le cardinal de Saint-Malo l'avait acquise l'année précédente pour une somme dérisoire, citant cet achat comme un exemple prémonitoire de ce qui se produirait à plus grande échelle si les Florentins refusaient les propositions d'alliance de son souverain.

Confortablement assis à l'ombre d'un muret, Vettori les accueillit avec soulagement.

— Enfin ! Je n'ai jamais été aussi content de vous

voir ! Je n'en peux plus de rester là à ne rien faire. Personne n'est entré ni sorti.

— Tu peux partir, je te remplace.

— Merci, Niccolò, mais ma conscience m'interdit de rentrer chez moi pendant que tu restes là à te morfondre devant la maison de cet infâme curé ! On va boire un coup chez Teresa, Ciccio ?

— Tu as raison, nous devons être solidaires de notre ami. Va pour la taverne !

— Filez vite avant que votre humour nauséabond ne me donne envie de vous faire taire définitivement. Je me demande à quoi sert l'éponge qui vous tient lieu de cervelle !

— Les voies du Seigneur sont impénétrables, jeune homme ! lui souffla Guicciardini en s'éloignant.

La nuit était déjà tombée lorsque le cardinal de Saint-Malo sortit de chez lui. Il marchait à grandes enjambées, à la manière d'un conquérant, sans jamais hésiter dans le dédale des rues.

Ignorant superbement le cul-de-jatte qui lui tendait sa sébile, il se dirigea vers l'Ospedale della Carità et dépassa le baptistère, puis obliqua vers l'extrémité septentrionale de la ville. Le seul bâtiment d'importance dans ce secteur était le monastère dominicain de San Marco.

Autrefois connu pour avoir été le refuge terrestre de Fra Angelico, qui avait perfectionné son art de la fresque en recouvrant de scènes bibliques les murs de chaque cellule, le lieu saint abritait depuis trois ans les affres spirituelles de Savonarole. Le moine y menait une existence consacrée à la méditation, à la prière et à l'étude des textes sacrés.

Pour ses partisans, l'austérité de sa vie monacale témoignait de la sincérité parfaitement désintéressée de son engagement en faveur de la cité. Pour les autres, elle n'était qu'un leurre destiné à masquer la démesure de ses ambitions politiques.

Le cardinal passa devant l'église Santo Spirito, puis, sans ralentir l'allure, s'engagea dans une ruelle obscure. Lorsqu'il y pénétra, Machiavel constata que l'ecclésiastique avait disparu. Il courut jusqu'à l'extrémité opposée, qui s'ouvrait sur une vaste place balayée par le vent. Quelques femmes passèrent au loin en discutant du prix du pain et du sort à réserver à tous les incompétents qui gouvernaient la ville. Derrière elles, deux religieux refermaient pour la nuit le portail de San Marco.

Intrigué, le jeune homme rebroussa chemin. Le passage semblait avoir été vidé de ses occupants habituels. Aucun bruit ne venait troubler le silence de la nuit. Nul poivrot ne cuvait son vin, affalé contre une porte. Même les rats paraissaient avoir déserté les innombrables tas de détritus qui jonchaient la rue.

Il avait fait une grossière erreur en présumant que Saint-Malo le mènerait droit au traître. Non seulement le cardinal s'était aperçu de sa surveillance, mais de surcroît il l'avait entraîné dans un piège.

Machiavel gardait encore en mémoire l'humidité glacée de la boue et le goût du sang qui avait ruisselé sur ses lèvres lorsque le colosse l'avait assommé quelques jours plus tôt. Attentif au moindre signe suspect, il scruta l'obscurité, sans rien discerner.

Un rapide frôlement l'avertit de l'imminence du danger. Sans réfléchir, il se blottit dans le renfoncement le plus proche et sentit un objet frôler son visage. Dans un bruit sec, un poignard vint se ficher dans la porte contre laquelle il était appuyé.

Devant lui, à dix pas à peine, noyé dans la pénombre, se tenait l'un des assassins de Corsoli. Une lueur de jouissance brilla dans les yeux clairs du nain lorsqu'il reconnut Machiavel.

— J'ai l'impression que nous nous connaissons déjà, mon garçon... Quel bonheur de te retrouver ! Mon maître m'a ordonné de t'épargner quand tu avais le nez dans la boue, l'autre jour. Cette fois, tu vas voir comment on traite les fouineurs de ton espèce !

Avec la lenteur mesurée du chasseur qui sait sa proie prise au piège, le tueur s'avança en bloquant le passage. Seul et désarmé, Machiavel n'avait pas la moindre chance. Il fit volte-face et s'élança vers l'esplanade dans l'espoir d'y trouver du secours. Le parvis de l'église était désert.

L'heure n'était plus à la réflexion. S'il voulait sauver sa vie, il devait courir. Il se précipita dans la rue la plus proche. Derrière lui, le bruit des pas du tueur se faisait de plus en plus distinct. La perspective d'une mort solitaire lui fit oublier le feu qui dévorait ses poumons. Il parvint à accélérer assez pour conserver une courte avance sur son poursuivant.

La rue fit un brusque coude. Machiavel se retrouva brutalement plongé au beau milieu d'une marée humaine. Tout autour de lui, des milliers d'hommes et de femmes de tous âges marchaient en chantant un hymne à la gloire de la Vierge. Entraîné par la foule, il ne fut pas en mesure de se retourner. Quand il parvint enfin à le faire, il vit le nain jaillir à toute allure de la rue qu'il venait de quitter.

Emporté par sa course, celui-ci ne réussit pas à s'arrêter à temps et vint heurter une femme d'une quarantaine d'années. Elle fit tomber sa bougie sur le visage du tueur. Rendu fou furieux par la cire brûlante, il tira un mince stylet de sous sa chemise et l'enfonça d'un coup sec dans la poitrine de la femme. Ne résistant pas au plaisir de contempler le masque de stupéfaction et de souffrance qui se dessinait d'ordinaire sur le visage de ses victimes, il se recula un peu.

La femme ne ressentit pas immédiatement la douleur. Au bout de plusieurs secondes, elle tâta son sein gauche et retira l'étrange objet métallique planté dans sa poitrine. Un flot de sang jaillit de sa blessure, éclaboussant tous ceux qui se trouvaient autour d'elle.

Le visage ruisselant du sang de la victime, une jeune fille se mit à hurler. Couvert par les centaines de voix qui chantaient leur amour pour Dieu, son cri se perdit dans l'air humide.

Dans un sursaut désespéré, Machiavel tentait de se frayer un chemin vers la tête du cortège. Seul un dernier rideau de fidèles le séparait désormais du salut. Devant lui, quatre moines portaient une statue de la Vierge sur un palanquin. Un cierge à la main, Savonarole ouvrait la marche.

Le tueur ne disposait plus que de quelques secondes pour frapper. La multitude de corps en mouvement l'empêchait de distinguer sa cible avec précision. Il sortit une dague de sa ceinture et la plongea sans hésiter en direction des reins du secrétaire. La lame pénétra profondément dans les chairs.

Le palanquin s'affaissa d'un coup. Touché au bas du dos, l'un des porteurs s'effondra en se tordant de douleur. Les autres moines tentèrent de redresser l'effigie sacrée, mais celle-ci tomba violemment sur le sol.

Un frisson parcourut la foule. À proximité du nain, un notaire aux traits secs et décharnés le désigna du doigt :

— C'est lui, je l'ai vu ! Il lui a planté sa dague dans le dos !

Des cris menaçants fusèrent de toutes parts, tandis qu'il continuait de le vilipender :

— Je t'ai bien vu, assassin ! On va te faire payer ça !

Sans se départir de son flegme, le nain jeta un regard plein de morgue à son accusateur. Il sembla soudain se souvenir qu'il tenait toujours à la main son arme ensanglantée. En un éclair, il bondit sur l'homme et lui sectionna la carotide. Incapable d'arrêter le flux qui s'écoulait de sa gorge, le malheureux rendit l'âme dans un halètement sinistre.

Satisfait d'avoir fait taire le dénonciateur, le nain s'extirpa tranquillement du cortège. Sa proie avait disparu. Il savait pourtant qu'il la retrouverait, tôt ou tard, et qu'il lui ferait alors chèrement payer sa résistance.

De toute manière, il avait rempli sa mission principale. Son maître serait satisfait.

— Tu peux sortir, mon fils. Il est parti.

Savonarole était parvenu à garder son calme, mais un sentiment de consternation se lisait sur son visage. Avant de se relever, Machiavel vérifia que le tueur avait bien disparu. À court d'idées, il avait profité de la confusion pour se jeter derrière le palanquin renversé, en priant pour que l'assassin ne songe pas à vérifier une si piètre cachette.

Malgré le départ du nain, la tension restait extrême. Des centaines d'yeux scrutaient le secrétaire, essayant de mesurer sa part de responsabilité dans le drame.

Savonarole parut hésiter, puis susurra quelques phrases à l'oreille de Tommaso Valori. Son second fit signe aux moines de ramasser la statue et de la remettre sur son socle. Les religieux obéirent prestement, tandis qu'on évacuait les trois corps.

Savonarole se retourna alors vers la foule :

— Dans sa grande miséricorde, Dieu nous a envoyé une nouvelle épreuve. Seule la force de notre foi peut vaincre les innombrables fléaux qui s'abattent sans répit sur nos têtes ! Je vous le dis une nouvelle fois, mes frères : priez et adorez notre Sauveur, car Lui seul peut extirper les germes malins qui infectent notre cité !

Il fit une courte pause, le temps que la foule reprenne en chœur un « amen » tonitruant, et poursuivit :

— Nos trois frères et sœur ont rejoint le paradis. Nous allons désormais prier pour le repos de leurs âmes.

Sa voix vibrait d'un accent prophétique. Happés par la force de ses paroles, certains spectateurs s'étaient jetés à genoux.

— Honorons la mémoire de nos morts ! Que la Vierge Marie, mère de notre Seigneur, nous montre le chemin de la délivrance et du salut éternel ! Relevez-vous, mes frères, et reprenons en chœur la prière que nous connaissons tous !

Au son de l'*Ave Maria*, la procession se remit en marche. Délaissant ses partisans, le dominicain attendit encore quelque peu, puis se tourna vers Machiavel.

— Que dirais-tu de discuter un peu, mon fils ? Il me semble que nous avons beaucoup de choses à nous dire, tous les deux.

Valori s'interposa entre les deux hommes :

— Maître, votre place est aux côtés de vos fidèles.

— Allons, Tommaso, je sais parfaitement où je dois être. Pour le moment, ce jeune homme a sans doute besoin d'un réconfort moral. Quant à moi, j'ai envie d'explications. Je rejoindrai la procession plus tard.

— Je me permets d'insister. Tous ces gens croient en votre parole, vous devez les guider. Vous ne pouvez pas leur laisser penser que vous accordez à d'autres la primauté de vos attentions.

Les traits du moine se durcirent subitement.

— Mon unique priorité est le salut de Florence. Mes fidèles doivent accepter les sinuosités du chemin qu'il me faut suivre pour mener à bien ma mission.

Voyant Valori près de répondre, Savonarole lui intima le silence d'un geste de la main. Il articula d'une voix sèche :

— Je rejoindrai la procession plus tard, Tommaso. Si tu n'es pas capable de comprendre mes décisions, abstiens-toi de les commenter. Rattrape les autres maintenant.

La décision du dominicain ne souffrait aucune contestation. Une moue exaspérée tordit les traits de son second lorsqu'il se résigna enfin à quitter les lieux.

— J'ai l'impression de ne pas m'être fait que des amis aujourd'hui, dit Machiavel.

— Valori est aussi têtu qu'un vieil anachorète, mais sa foi est sincère. Il ne faut pas lui tenir rigueur de ses sautes d'humeur. Il croit vraiment à la réussite de notre croisade, sans doute plus encore que moi. Il a parfois tendance à se laisser dominer par ses impulsions.

Savonarole soupira en observant la silhouette de son conseiller s'éloigner au loin.

— Les temps sont durs. Notre mouvement croît inexorablement et, chaque matin, de nouvelles brebis rejoignent le troupeau. Le combat devient toutefois de plus en plus rude. Je ne suis pas certain que nos méthodes soient adaptées à celles de nos adversaires. Que peuvent nos prières face à leurs épées ?

Machiavel désigna les larges flaques de sang qui maculaient le sol.

— Voici la preuve que le bouclier de la foi est bien impuissant contre le fer des assassins.

— À quoi bon poursuivre ce combat ? Vois le résultat de tous ces efforts : un homme seul est parvenu à faire vaciller la foi de plusieurs milliers de fidèles. Heureusement, la pluie commence déjà à effacer les traces de son crime. Demain, il n'en restera plus rien et nous pourrons reprendre la lutte, si Dieu le veut.

Ses traits trahissaient une profonde lassitude. Le jeune homme avait déjà lu cette expression de découragement sur le visage du dominicain quand il avait surpris sa conversation avec Malatesta. Il fut tenté de lui demander ce qui le liait au mercenaire, mais n'en eu pas le courage.

— Crois-tu au diable, mon fils ?

— Pas vraiment, répondit Machiavel après une courte hésitation. Je crois plutôt que l'homme l'a inventé pour justifier les imperfections du monde.

Savonarole lui adressa un sourire bienveillant.

— Comment un élève de Ficino pourrait-il croire en une entité supérieure ? Un jour où l'autre, ce vieil hérétique finira sur un bûcher ! Moi aussi, à ton âge, je pensais trouver dans les livres les réponses à mes questions. Rien n'égale cependant l'expérience de la vie. Le bien, le mal, la souffrance, la foi, la mort... Tu as sans doute appris davantage ce soir qu'au cours de toutes tes années d'études.

Machiavel se contenta d'acquiescer. Il ne parvenait pas à se détourner des lignes irrégulières du visage du moine.

Il comprit subitement l'étrange fascination que ressentaient ceux qui l'approchaient.

Quelle que fût la personne à laquelle il s'adressait, le dominicain se considérait comme son égal. Il s'ouvrait totalement aux autres, sans rien dissimuler de ses doutes et de ses interrogations. Il ne se cachait pas derrière les certitudes de sa foi. Voilà pourquoi l'Église romaine le haïssait tant.

Machiavel se sentit apaisé, comme si les mots du moine avaient évacué d'un coup toute sa tension. En même temps, une immense fatigue l'envahit et il dut s'appuyer contre le mur le plus proche pour ne pas tomber.

Savonarole attendit qu'il se reprenne, avant de reprendre son questionnement.

— Sais-tu pourquoi je suis entré chez les dominicains ?

— Non, mon père.

— *Veritas*. La vérité. La devise de mon ordre. Je pensais que mon engagement m'aiderait à comprendre les subtils rouages du monde. Je ne m'attendais pas à ce que l'accès à la lucidité fût si douloureux. Bienheureux les simples d'esprit !

Une fine pluie s'abattait désormais sur les deux hommes. Aucun d'eux ne songea à se mettre à l'abri. Ils espéraient sans doute que cette eau les purifierait, comme elle purgeait le sol des traces sanglantes laissées par le tueur.

— Tu ne m'as toujours pas dit pourquoi ce tueur t'en voulait à ce point.

— C'est une histoire un peu compliquée. Ce qui reste de vos illusions sur l'homme ne survivra pas à mon récit, j'en ai bien peur.

— Tu peux toujours essayer. Je pense avoir fait un tour assez large des turpitudes humaines.

Machiavel ressentit le besoin brutal de s'épancher. Avoir frôlé la mort d'aussi près lui avait fait comprendre qu'il lui fallait prendre des risques. S'il ne faisait rien, le tueur le retrouverait et aurait alors sans doute plus de réussite. Une seule incertitude l'empêchait encore de se livrer complètement.

— Le soir où cet usurier, Corsoli, a été tué, je vous ai vu parler avec lui, sur la Piazza della Signoria. Que vous êtes-vous dit ?

Le visage de Savonarole devint livide. Le moine semblait sincèrement stupéfait de la question du jeune homme.

— Tu dois te tromper, mon fils. Valori m'a raccompagné à San Marco dès que la réunion du conseil s'est achevée.

Ce fut au tour de Machiavel de se trouver décontenancé.

— Corsoli conversait avec un moine. Je n'ai pas pu apercevoir son visage, mais il portait une robe comme la vôtre. J'ai cru que c'était vous.

— Et tu en as déduit que je l'avais fait tuer, bien sûr... N'est-ce pas aller un peu vite en besogne ? J'ai passé toute la nuit en prière. Plus de quarante témoins pourront te le confirmer.

— Si ce n'était pas vous, qui était-ce ?

— Je l'ignore. Ce n'était pas un moine de San Marco, en tout cas... Personne n'a quitté la veillée avant l'aube. On s'est fait passer pour moi.

— Dans quel but ?

— Pour me compromettre dans le meurtre de Corsoli, bien sûr ! Le plan a bien fonctionné, puisqu'il y a au moins un témoin pouvant jurer m'avoir vu en grande discussion avec lui quelques minutes seulement avant sa mort.

Son ton était assuré. Machiavel sut qu'il ne mentait pas. Il prit sa décision en une fraction de seconde.

— Vous voulez vraiment savoir pourquoi le nain a essayé de me tuer ?

Le dominicain acquiesça.

— Bon, suivez-moi alors, mais sans vos gardes. Je n'ai pas envie que toute la ville sache où nous allons.

Savonarole s'approcha des moines qui surveillaient la rue et leur dit quelques mots à voix basse. Les quatre serviteurs de Dieu obéirent à contrecœur lorsque, de la main, il leur fit signe de s'éloigner.

— Nous voilà débarrassés d'eux.

— Parfait.

Machiavel guida Savonarole sans prononcer un mot. Ils mirent une dizaine de minutes pour arriver devant la maison de Marsilio Ficino. Le dominicain avait reconnu l'endroit et ne paraissait guère surpris de s'y trouver.

Annalisa vint leur ouvrir. Elle se figea un instant, puis se reprit et les mena jusqu'à la bibliothèque, où le philosophe était plongé dans la lecture de Sénèque.

Non moins surpris que sa nièce, le vieillard accueillit pourtant le moine comme si sa présence était tout à fait naturelle.

— Votre visite nous honore, mon père.

— C'est moi, au contraire, qui suis flatté de me trouver devant un homme aussi docte.

— J'imagine que vous êtes là pour en savoir un peu plus sur tous ces assassinats. Que lui as-tu dit, Niccolò ?

— Rien, j'ai préféré vous laisser le soin de faire la synthèse des événements.

Ficino montra un fauteuil à Savonarole. Annalisa et Machiavel s'installèrent un peu en retrait.

— La question qui nous préoccupe avant tout, commença Ficino, est de savoir dans quel camp vous vous situez. Nous avons cru comprendre que vous cherchiez quelque chose. Peut-être pourriez-vous nous dire ce dont il s'agit ?

Savonarole ne s'attendait pas à une question aussi directe. Un embarras évident se lisait sur ses traits. Il réfléchit aux conséquences de sa réponse, puis opta pour la sincérité :

— Il y a environ deux mois, un homme de Malatesta a surpris par hasard une conversation de Saint-Malo. Le cardinal disait que mes prises de position contre la France et l'Église romaine embarrassaient beaucoup son souverain. Ce dernier pense que je suis un obstacle à l'implantation durable de la France en Italie. Il a donc chargé son ambassadeur de mettre un terme à mon action. À son tour, le cardinal a délégué cette tâche à son interlocuteur, mais l'espion n'a pas réussi à l'identifier. Il a juste entendu Saint-Malo l'appeler « Princeps ».

— Princeps… Le prince ?

— J'ignore ce que signifie ce surnom. J'imagine que le choix du latin doit être symbolique.

— Mais pourquoi Malatesta vous a-t-il averti ? Vous n'avez jamais clamé votre soutien à Soderini, bien au contraire.

— Comme Soderini et Malatesta n'ont aucune envie de voir croître l'influence des Français dans la cité, ils ont décidé de m'aider malgré nos divergences politiques. Ils sont toutefois contraints d'agir dans les limites de ce qui est tolérable aux yeux de nos concitoyens, c'est-à-dire discrètement et à mots couverts.

— Pourquoi ne veulent-ils pas vous appuyer officiellement ? l'interrogea Annalisa.

— Soderini est dans une situation délicate. Il est contesté de toutes parts. Pour conserver le pouvoir, il doit jouer la carte de la neutralité. Si les choses tournent mal pour moi, il pourra toujours affirmer qu'il ignorait tout de l'affaire. Voilà, je vous ai tout dit. À vous maintenant...

D'une voix feutrée, comme s'il voulait éviter que d'autres puissent entendre ses mots, le vieillard fit à son tour part de leurs découvertes.

— Si je comprends bien, il ne vous reste plus qu'à mettre la main sur cette prostituée pour dénouer les fils de l'écheveau ?

— C'est également la conclusion à laquelle nous sommes arrivés. À condition qu'elle soit encore en vie.

— Si elle était morte, vos adversaires ne se donneraient pas tant de mal pour vous éliminer de la course. Ils sont eux aussi à sa recherche.

— Que devrons-nous faire lorsque nous aurons déniché Boccadoro ? demanda Machiavel.

— Il faut absolument découvrir l'identité du traître à la solde de Saint-Malo, répondit le moine. Nous avons également besoin d'une preuve tangible de l'implication du cardinal dans l'affaire, sinon Soderini refusera d'intervenir.

— Savez-vous combien de temps il nous reste avant qu'ils ne referment leur piège sur vous ?

— Non, mais il faut faire vite. Je sens leur étau se resserrer de plus en plus. C'est une question de semaines, voire de jours. On a déjà commencé à brûler mes livres à Rome. J'ai bien peur que mon destin ne suive de très peu celui de mes écrits. Je me moque de ce qui m'attend, mais je refuse que mon combat s'éteigne avec moi.

— Vous voyez peut-être votre situation de manière plus dramatique qu'elle ne l'est vraiment, déclara Annalisa. La cathédrale Santa Maria del Fiore est remplie de fidèles à chacun de vos sermons. Ils ne laisseront pas vos ennemis vous vaincre.

— Les Florentins sont un peuple versatile, ma fille. Sans parler de leur fâcheuse propension à toujours se placer du côté du vainqueur. Au premier signe de faiblesse de ma part, mes partisans se compteront sur les doigts d'une seule main.

Savonarole secoua tristement la tête et murmura d'une voix morose :

— Je n'ai plus guère le choix, je dois me fier à vous. Alors je vous en prie : trouvez cette preuve et amenez-la-moi.

12

Le retable de Taddeo Gaddi était le trésor de l'église Santa Croce. Peint plus de cent cinquante ans plus tôt, il n'avait jamais quitté l'autel de la chapelle de la famille Baroncelli. Au-dessous du panneau central représentant une Vierge en majesté, Gaddi avait représenté le martyre de sainte Lucie, dans le style simple et vigoureux qui caractérisait sa peinture.

La bienheureuse devait sa canonisation au mauvais goût de ses géniteurs. Ceux-ci l'avaient promise à l'un des hommes les plus laids de Syracuse. Préférant consacrer sa vie aux pauvres plutôt qu'à cet être détestable, la jeune femme l'avait repoussé et, afin de montrer sa détermination, elle s'était crevé les deux yeux.

Ce refus catégorique de l'ordre familial lui avait valu d'être traînée dans toute la ville par quatre bœufs, puis brûlée vive. Dotée d'une solide constitution, la sainte avait pourtant survécu aux flammes. De guerre lasse, le bourreau lui avait ouvert la gorge à coups de pique. Alors seulement Lucie avait consenti à rendre l'âme.

Le père Iacopo Carrucci, le chapelain de l'église, était tombé amoureux de ce retable la première fois qu'il l'avait aperçu, noyé dans l'obscurité de la chapelle. Ce tableau était son unique faiblesse. Sur tous les autres plans, sa vie était en accord parfait avec les préceptes de la doctrine catholique : il ne mangeait ni ne buvait plus que de raison, visitait quotidiennement les malades et distribuait aux pauvres l'essentiel des dons que recevait la paroisse. Jamais il ne rechignait à rendre sa visite mensuelle à la léproserie de la ville et il poussait la rectitude morale jusqu'à réciter quelques *Pater* supplémentaires lorsqu'un des enfants de chœur jurait en sa présence.

Pourtant, dès qu'il se trouvait en face du retable, oubliant tous ses principes, il s'abandonnait sans remords à la concupiscence.

Chaque jour, après la dernière célébration du soir, lorsque tous les fidèles étaient partis, il refermait soigneusement les lourdes portes de l'édifice sacré et se précipitait dans l'absidiole. Il s'installait sur le prie-Dieu placé juste devant l'autel, récitait à la va-vite une prière ou deux et demeurait de longues heures à le contempler.

Après en avoir admiré chaque détail, il refermait soigneusement les panneaux latéraux. Le lendemain, avant la première messe, il effectuait l'opération inverse. Alors seulement sa journée pouvait commencer.

Ce matin-là, en l'occurrence, elle commença très mal.

En pénétrant dans la petite chapelle, il trouva le retable ouvert. Il ne pouvait avoir oublié de le fermer la veille au soir. Pas une fois, depuis qu'il était devenu chapelain de l'église Santa Croce, dix-neuf ans auparavant, il n'avait commis une telle erreur.

Les couleurs de la prédelle lui parurent différentes de l'ordinaire. Elles semblaient passées, presque ternes.

Il avait du mal à discerner les contours des divers personnages, comme si sa vue était brouillée. Son sublime retable ressemblait à une de ces toiles poussiéreuses qui hantent les murs des églises de campagne.

Lorsqu'il effleura l'étrange vernis, sa main dessina une trace claire sur le bois. Le père Carrucci essuya sur sa robe la substance poisseuse qui maculait ses doigts. Il baissa les yeux. Une large traînée rougeâtre partait de l'endroit précis où il se tenait et faisait le tour de l'autel. Il contourna le bloc de marbre et se figea.

Devant lui gisait le corps d'une femme nue. Elle reposait sur le ventre, recroquevillée au milieu d'une mare de sang. Rassemblant ses forces, le prêtre la retourna délicatement et regretta aussitôt son geste. Il s'agissait d'une jeune fille, à peine sortie de l'adolescence. Elle avait été égorgée et portait des traces de coups et de lacérations sur tout le corps. De larges morceaux de chair manquaient sur son ventre et ses cuisses. Des lambeaux de peau carbonisée pendaient de plusieurs endroits et, à la place de ses seins, deux sombres écorchures laissaient voir ses côtes.

Un horrible rictus de souffrance déformait ses traits. Tout ce qui avait autrefois contribué à la rendre belle avait été arraché. Elle n'avait plus de nez et ses yeux avaient disparu.

Le père Carrucci se retint à grand-peine de hurler. Hagard, il se signa maladroitement, puis sortit de la chapelle à toutes jambes, bousculant tout sur son passage.

La nouvelle de la découverte du cadavre se répandit dans la ville à une vitesse déconcertante. En moins d'une heure, plusieurs centaines de personnes s'étaient massées devant l'église Santa Croce. Une dizaine de soldats montait la garde aux portes, empêchant quiconque d'entrer.

Piero Soderini arriva vers dix heures, avec le sentiment de revivre chaque jour la même scène lugubre. La foule, composée en majorité de partisans de Savonarole, salua son apparition par un grondement hostile. Ignorant les remarques, le gonfalonier pénétra à grands pas dans l'église et se dirigea droit vers la chapelle où s'affairait Corbinelli.

Lorsqu'il aperçut le cadavre, sa morosité se transforma en abattement. Il avait vu bien pire depuis le début de la vague d'assassinats mais, cette fois, la victime n'avait pas vingt ans. Malgré les sévices, on pouvait deviner derrière ces linéaments tuméfiés un visage qui avait dû être fin et peut-être même joli. Ses cheveux poissés de sang étaient d'une belle couleur blonde. Étrangement détendu, son corps n'opposait aucune résistance aux mains du médecin.

— Comment est-elle morte ?

La phrase du gonfalonier se répercuta de voûte en voûte dans l'église déserte. Absorbé par son travail, Corbinelli ne l'avait pas entendu arriver. Il fit signe à Deogratias de poursuivre l'examen du corps.

— Elle s'est vidée de son sang par ces blessures à la gorge. Les incisions ont été faites pour éviter les points vitaux. Aucune n'est mortelle en soi, mais leur accumulation a été fatale. La perfection, comme d'habitude.

— Où a-t-elle été tuée ?

Le médecin s'avança vers l'autel de la chapelle.

— Elle a été blessée ici, devant le retable. Elle a dû s'écrouler, puis elle s'est traînée jusque derrière l'autel. Elle est morte là-bas, les bras repliés contre son corps, comme un enfant qui dort. Les tueurs l'ont regardée mourir du rebord de l'autel.

Le gonfalonier sursauta.

— Les tueurs ? Ils étaient plusieurs ?

— Il y a trois empreintes de pieds différentes.

— Comment peux-tu être certain qu'elles appartiennent aux assassins ? Il y en a au moins trente autres tout autour de nous.

— Le chapelain a fait preuve d'un sang-froid étonnant. Dès qu'il a trouvé le corps, il est sorti en refermant les portes de l'église à clé. Avant de faire quoi que ce soit, les hommes du guet ont à leur tour prévenu Malatesta, ce qui m'a permis d'entrer le premier dans l'église. Comme le curé m'a juré ses grands dieux de n'avoir pas mis le pied sur la petite surélévation qui entoure l'autel, j'en déduis que ces empreintes appartiennent aux tueurs. *Hoc demonstrandum erat.*

— Parfait, nous poursuivons trois personnes au lieu d'une. De mieux en mieux !

— Ne soyez pas si pessimiste, Excellence. Ils viennent de commettre leur première erreur. Nous tenons enfin une information utile.

Soderini secoua tristement la tête.

— Tu le diras aux parents de cette jeune femme. Ils sauront que leur fille n'est pas morte pour rien.

— C'est peu, j'en conviens. Cependant, ils ont agi jusqu'ici de manière remarquablement discrète. Une fois encore, personne ne les a vus.

— Comment ont-ils pénétré dans l'église ? La porte n'était-elle pas fermée ?

— Si, bien sûr, comme chaque soir. Ils ont forcé l'entrée du presbytère. Le curé dormait à l'étage et n'a rien entendu.

Le gonfalonier parut se calmer un peu.

— Qu'as-tu découvert d'autre ?

— Rien de plus que d'habitude. Elle a été torturée avant d'être amenée ici. Toutes les blessures, y compris l'énucléation, ont été faites alors qu'elle vivait encore. J'ai retrouvé son nez et ses dents au fond de sa gorge. Les yeux ont disparu, par contre.

— On sait qui c'est ?

— Aucune idée.

— Pourquoi l'a-t-on amenée ici ?

— Il s'agit encore d'une mise en scène. Mettez-vous là, Excellence, à l'endroit exact où on lui a tranché la gorge.

Le gonfalonier contempla longuement la mare de sang que lui indiquait Corbinelli avant de consentir à se placer là où le médecin le lui indiquait.

— Et alors ? Que dois-je voir ?

— Observez bien le retable.

Soderini fixa le tableau et murmura presque aussitôt :

— Sainte Lucie ! Elle a été tuée comme sainte Lucie ! Mon Dieu, ils savaient exactement ce qu'ils faisaient !

— Sainte Lucie n'est pas une martyre quelconque. C'est la patronne des aveugles.

— On en revient toujours aux yeux.

— Oui, répondit Corbinelli. Depuis le début, je me demandais pourquoi les tueurs arrachaient les yeux de leurs victimes. Je pensais à une sorte de signature, un sceau destiné à marquer leurs crimes. C'est la clé de leur folie meurtrière, en fait.

Soderini soupira, puis alla s'asseoir sur une des chaises alignées devant l'autel. La situation échappait de plus en plus à son contrôle. Il était tenaillé entre des assassins d'une audace folle et des citoyens prêts à laisser exploser leur colère à la première occasion. Le couperet commençait à s'approcher trop dangereusement de son cou. Cette affaire devait être résolue au plus vite.

Il ne nourrissait pourtant aucune illusion sur ses chances de retrouver les tueurs. À moins d'un miracle, jamais Malatesta ne mettrait la main sur eux.

Il fit alors la dernière chose qui fût encore en son pouvoir. Il se tourna vers le Christ en majesté suspendu au-dessus du chœur, ferma les yeux et se mit à prier.

— Mais laissez-moi passer, enfin !

Malgré sa petite taille, donna Stefania repoussa violemment le soldat qui tentait de s'opposer à son entrée. La maquerelle était vêtue sobrement et s'était délestée de tous ses bijoux. L'homme comprit qu'il ne parviendrait pas à la retenir bien longtemps et la laissa pénétrer dans l'église Santa Croce.

Dès qu'elle franchit le seuil, Malatesta accourut vers elle.

— Vous ne pouvez pas entrer pour le moment. Vous viendrez prier plus tard.

— Vous ne savez pas qui je suis, pas vrai ? demanda la maquerelle. Poussez-vous !

Surpris qu'on ose lui tenir tête, Malatesta ne savait comment réagir. Soderini accourut à son secours, un sourire narquois aux lèvres :

— Allons, donna Stefania, cessez de taquiner ce malheureux. Il fréquente plus volontiers les salles d'armes que les établissements comme le vôtre. Qu'est-ce qui vous amène ?

— Le bruit court que vous avez trouvé le cadavre d'une jeune femme.

Le gonfalonier cessa aussitôt de sourire.

— En quoi cette nouvelle vous concerne-t-elle ?

— Je crois savoir de qui il s'agit. Une de mes filles a disparu hier soir. Je l'ai envoyée faire des courses et elle n'est pas revenue.

— Elle est sans doute allée voir quelqu'un de sa famille. Un amant, peut-être.

Sûre d'elle, la petite femme secoua la tête.

— Non, je ne crois pas qu'elle se soit enfuie. Où aurait-elle pu aller, d'ailleurs ? Aucune de mes filles n'est originaire de la région. Quant aux relations privées, elles sont interdites dans mon établissement.

— Vous vous inquiétez sans doute pour rien.

— Je me permets d'insister, Excellence. J'aimerais m'en assurer par moi-même.

— Je veux bien vous montrer le cadavre, donna Stefania, mais il est méconnaissable. Si c'est bien elle, vous ne pourrez même pas l'identifier.

— Je voudrais quand même la voir. Je ne quitterai pas cet endroit tant que je n'en aurai pas le cœur net.

La maquerelle n'était pas disposée à abandonner la partie. Soderini haussa les épaules et se dirigea vers la chapelle Baroncelli.

— Dans ce cas, suivez-moi.

Il s'arrêta face à l'autel. La fille était toujours allongée sur le sol, mais son corps était désormais recouvert d'un drap blanc. La maquerelle se pencha sur le linceul, qu'elle souleva d'une main tremblante. Incrédule, elle observa le cadavre mutilé sans pouvoir parler.

— Alors, c'est elle ? intervint finalement Soderini.

Donna Stefania se réveilla d'un coup. Submergée de dégoût, elle recula précipitamment.

— Je.. je n'en suis pas certaine. La stature et la couleur de cheveux correspondent, mais il ne reste rien du visage.

— Elle n'avait pas une marque ou un signe distinctif sur le corps ?

Donna Stefania réfléchit quelques instants, avant d'acquiescer d'un vague hochement de tête.

— Elle s'est brûlée le dos de la main avec de l'huile, il y a environ deux semaines. La droite. Si c'est elle, la cicatrice doit encore être visible.

Corbinelli s'accroupit auprès de la défunte. Il souleva la main assez haut pour que, de là où ils se trouvaient, le gonfalonier et la maquerelle puissent apercevoir la tache rosâtre qui l'ornait.

Cette constatation brutale acheva de briser le masque sévère de donna Stefania. Quelques larmes creusèrent des sillons clairs sur ses joues trop fardées. Elle s'agenouilla à côté du cadavre. Elle n'avait guère fréquenté les églises au cours de sa vie, aussi se contenta-t-elle de murmurer quelques mots simples en guise de prière. Gênés, Soderini et Corbinelli la laissèrent seule.

Quelques minutes plus tard, donna Stefania recouvrit le visage de la morte. Lorsqu'elle rejoignit Soderini dans la nef, ses traits avaient retrouvé leur aspect dur et froid.

— Je vous prie d'excuser cet instant de faiblesse. Vous n'avez pas idée de l'affection que je porte à mes pensionnaires. Je les aime comme si elles étaient issues de ma propre chair.

— Savez-vous ce qui aurait pu provoquer sa disparition ?

— Non, pas du tout. Je n'ai jamais eu le moindre problème avec elle. Son comportement était tout à fait normal. Les autres filles l'adoraient. Je ne vois pas qui aurait pu lui en vouloir.

— Je vous remercie, donna Stefania. Vous nous avez été d'un grand secours. Vous feriez bien de partir, maintenant.

La femme acquiesça et suivit Soderini jusqu'à la porte. Avant de franchir le seuil de l'édifice, elle s'arrêta et lui dit, d'une voix qui avait retrouvé toute son assurance :

— Je vous serai reconnaissante de bien vouloir me rendre le corps lorsque votre médecin aura achevé ses constatations. J'aimerais m'occuper de son inhumation dès que possible.

— Bien sûr. Vous l'aurez dès demain.

La maquerelle le remercia, fit mine de sortir, puis se ravisa. Ses pupilles brillaient d'une colère froide.

— Quand vous aurez trouvé le coupable, punissez-le comme il le mérite..

— Vous pouvez en être certaine. J'y tiens autant que vous.

— Bien.

Soderini se contenta de pousser le battant de la lourde porte de bois et l'accompagna jusqu'à l'extérieur. Sur le parvis, le nombre de badauds s'était encore accru. L'apparition du gonfalonier provoqua une nouvelle salve de commentaires acerbes.

Tous les principaux dirigeants politiques étaient venus constater par eux-mêmes le nouveau drame, à l'exception notable de Savonarole. Au tout premier rang, Tommaso Valori commentait avec ses voisins la macabre découverte. Juste derrière lui se trouvait Bernardo Rucellai, accompagné d'Antonio Malegonnelle.

Malegonnelle était arrivé deux ans plus tôt. Nul ne savait d'où il venait, ni ne connaissait l'origine des caisses de ducats que transportait son armée de serviteurs, mais quelques mois lui avaient suffi pour pénétrer le cercle très fermé de l'aristocratie. Sûr de sa position et de son influence, il arborait en toutes circonstances une expression de froide arrogance. Rucellai tolérait sa présence parce qu'il était son principal soutien financier. Il tâchait néanmoins d'endiguer au mieux l'ambition démesurée de son conseiller.

Soderini éprouvait une répulsion particulière pour toute forme excessive de vanité, surtout lorsqu'elle était à ce point teintée de suffisance, aussi ne s'attarda-t-il pas plus sur cet être méprisable.

Sur un simple geste de Valori, le grondement de la foule cessa.

— Comptez-vous laisser ces assassins agir ainsi en toute impunité, Excellence ?

— Qu'est-ce que cela signifie, Valori ? Sous-entendriez-vous que nous ne faisons pas tout notre possible pour les retrouver ?

— J'observe simplement les faits, Excellence. Trois morts hier parmi nos frères, un autre aujourd'hui. À ce rythme, la ville va bientôt être dépeuplée. Vos efforts tardent à porter leurs fruits.

Soderini ne voulait pas donner sa colère en pâture à ses adversaires. Il fit son possible pour calmer la rage qui montait en lui.

— Vous avez peut-être une meilleure stratégie que la nôtre ?

Valori le fixa sans ciller.

— Il n'y a qu'une seule manière d'éliminer définitivement les germes du mal : il faut les brûler à la racine.

— Je doute que ce soient là les instructions de votre chef.

— Savonarole est incapable d'agir. Nous ne pouvons plus nous contenter de belles paroles. Nous voulons des actes.

— Et que comptez-vous faire ?

— Nous allons fouiller les lieux de débauche de la ville et nous retrouverons ces tueurs. Nous anéantirons en même temps tout ce qui mine les fondements de notre civilisation.

— Vous êtes complètement fou. Vous allez provoquer une guerre civile !

— Seul le feu purifiera Florence.

La voix vibrante, Valori se tourna vers la foule et leva les bras au ciel :

— Mes frères, voulez-vous assister plus longtemps à la déchéance de notre cité ?

Un « non » unanime jaillit simultanément des gorges de la centaine d'adolescents qui entouraient l'orateur, aussitôt repris par la multitude qui se massait devant l'église.

Encouragé par la réaction de la foule, Valori poursuivit :

— Êtes-vous prêts à combattre la vermine jusqu'à son anéantissement ? Êtes-vous prêts à répandre le sang et les flammes ?

— Oui ! hurla la meute, qui n'attendait plus qu'un ordre pour se mettre en branle.

— Alors propagez-vous dans la ville, fouillez-en les moindres recoins et détruisez tous les repaires du diable !

Soderini fit une ultime tentative pour empêcher la catastrophe qu'il voyait se dessiner devant lui :

— Vous commettez une terrible erreur ! Calmez vos fidèles pendant qu'il en est encore temps...

— C'est trop tard. Vous avez échoué à nettoyer toute cette fange. Laissez donc faire ceux qui ne craignent pas de se salir.

— Je vous en supplie... Vous faites le jeu des tueurs. Vous vous comportez exactement comme ils l'avaient prévu. C'est ce qu'ils veulent depuis le début : vous provoquer, vous pousser à la révolte.

— On ne peut retenir la colère avec de simples mots, Excellence. Le mouvement est lancé. Nul ne peut plus l'arrêter.

Soderini fit un signe discret à Malatesta. Entouré de quelques-uns de ses soldats, le mercenaire s'avança vers Tommaso Valori. Voyant qu'on voulait arrêter leur chef, ses jeunes fidèles repoussèrent les hommes du gonfalonier.

La voix de Valori s'éleva une dernière fois du cœur de la foule :

— Allez, mes frères, et brûlez tous les lieux de luxure et de perversion ! Que le Seigneur vous protège et vous bénisse tous !

Le parvis de l'église Santa Croce se vida en quelques minutes à peine. D'un même mouvement, les partisans de Savonarole s'étaient déversés dans les rues environnantes, incapables de contrôler plus longtemps la colère attisée par Tommaso Valori avec un savoir-faire digne des meilleurs sermons de son maître.

Impuissant à contenir cette troupe immense qui hurlait son amour de Dieu, Soderini s'assit sur les marches de l'église. Le destin était en route et il ignorait tout à fait comment l'arrêter. Juste au-dessus de sa tête, la gueule grande ouverte, le démon sculpté sur le portail de l'église semblait rire de toutes ses dents.

Les soldats observaient leur chef, dans l'attente d'un ordre. Silencieux, le mercenaire alla s'asseoir aux côtés du gonfalonier. On ne pouvait pas plus endiguer une telle tempête qu'une épidémie de peste. Valori avait sans doute raison : seul le feu pourrait venir à bout d'un mal si profond. Or Malatesta était bien incapable de prévoir dans quel sens le vent de la haine allait pousser les flammes.

Parmi les rares personnes encore présentes sur la place se trouvait Bernardo Rucellai, toujours flanqué d'Antonio Malegonnelle. Impassibles, les deux hommes commentèrent brièvement la situation à voix basse avant de s'éloigner sans hâte particulière. Non loin se tenait donna Stefania. Elle aperçut la large silhouette de Piero Guicciardini à quelques mètres d'elle à peine. Le jeune homme la fixait d'un air interrogateur.

L'éclair dans les yeux de donna Stefania lui fit comprendre qu'elle l'avait reconnu. La maquerelle se retourna vers le gonfalonier. Celui-ci semblait avoir totalement oublié sa présence. Avec une lenteur calculée, elle s'approcha de l'adolescent. Au moment où elle passa à sa hauteur, elle feignit de trébucher sur une dalle mal scellée. D'un geste vif, Guicciardini la retint par la taille juste avant qu'elle ne s'écroule sur le sol. Elle profita de l'instant où son corps entra en contact avec celui de l'adolescent pour lui susurrer quelques mots à l'oreille :

— Tu cherches toujours Boccadoro ?

— Oui, se contenta-t-il de répondre d'un imperceptible mouvement des lèvres.

— Viens chez moi ce soir, à minuit précis. Passe par-derrière.

Elle se redressa aussitôt et le contempla comme s'il s'était agi d'un parfait inconnu.

— Je vous remercie, articula-t-elle d'une voix aussi froide que possible.

Guicciardini lui adressa un sourire poli, mais la petite femme s'était déjà éloignée d'un pas rapide.

Par groupes de quinze ou vingt, les jeunes partisans de Savonarole s'étaient répandus dans les rues, brûlant et dévastant tout ce qui symbolisait à leurs yeux la corruption de l'âme florentine. Rien n'avait résisté à leur furie. Salles de jeu, bordels, tavernes, ils avaient tout ravagé sans la moindre hésitation.

Armée d'un solide tison, Teresa était parvenue à repousser la première vague d'assaillants. Très vite, elle fut cependant contrainte de se barricader à l'intérieur. Sa digue de fortune, faite de tables poisseuses et de chaises lustrées par d'innombrables postérieurs, se révéla malheureusement trop fragile pour empêcher l'inéluctable dénouement.

Une fenêtre céda d'abord, puis la porte s'effondra dans un craquement sourd. Par dizaines, les jeunes combattants de Dieu s'engouffrèrent dans les brèches et se mirent en devoir de briser tout ce qui pouvait l'être.

Malgré sa résistance farouche, Teresa fut traînée dehors par quelques bras trop puissants même pour sa carcasse robuste. Assise sur le sol, elle assista impuissante à la destruction du fruit de trente années de labeur. Le bâtiment tout entier s'embrasa en quelques instants, après qu'une main anonyme eut lancé une torche sur le toit de chaume.

Attisée par l'écroulement brutal de ses idéaux, la haine monta en elle aussi vite que le feu le long des poutres de sa taverne. Comme beaucoup, elle avait cru en Savonarole. Même s'il n'était pas directement responsable du délire mystique de ses troupes, le dominicain était coupable. Il n'avait pas su empêcher que les espoirs qu'il avait fait naître fussent détournés de leur cours. Le rêve d'une cité unie et apaisée par le miracle de la foi était un leurre.

Savonarole allait devoir payer le prix de cette désillusion.

En attendant, la gargotière ruinée comptait bien se venger sur le premier vaurien passant à sa portée. Elle s'aperçut qu'il ne restait plus personne devant les ruines fumantes de son établissement. Les adolescents étaient déjà partis en quête d'un autre temple du vice à détruire.

Embrasé par de multiples foyers, le ciel de Florence rougeoyait de mille feux. Appuyé contre le parapet d'un balcon, un spectateur encapuchonné observait ce triste spectacle avec une délectation semblable à celle de Néron face à l'incendie qu'il avait lui-même allumé au cœur de la Cité éternelle.

Un homme pénétra dans la pièce, mais la silhouette ne bougea pas, fascinée de voir avec quelle rapidité les racines du mal qu'elle avait fait germer s'étaient enfoncées jusqu'aux fondations de la ville.

— Vous êtes en retard, Éminence, le bal a déjà commencé.

— Tu aurais quand même pu trouver un lieu moins proche des cieux. J'ai cru mourir tant il y a de marches dans ce damné clocher !

— Soderini a eu raison de se moquer de votre gourmandise l'autre jour, dans la salle du Conseil. Les mets délicats dont vous vous emplissez la panse vous empêchent d'atteindre les sommets de l'esprit.

La bouche de Saint-Malo se contracta sous l'effet de la colère. Il trouva néanmoins la force de prononcer chaque mot avec une lenteur appropriée :

— Cela doit provenir d'une forme de susceptibilité que vous autres Italiens jugez probablement « barbare », comme chacun de mes faits et gestes, mais j'aime que mes employés s'adressent à moi avec un minimum de déférence. Cela vaut pour toi aussi.

— Mettez-vous bien cela dans la tête, tout cardinal que vous soyez : je ne suis pas votre employé. Je ne demande aucun salaire en échange de mes conseils, tout juste quelques menus services. Pour répondre à votre remarque sur ce lieu, je l'ai justement choisi parce que c'est d'en haut qu'on distingue le mieux la folie des hommes. Vous ne sauriez rêver meilleure place pour contempler les premiers résultats de notre plan. Profitez du spectacle, Éminence, vous n'en reverrez sans doute pas d'aussi plaisant avant longtemps !

— Comment peux-tu t'en repaître ? C'est ta cité qui flambe là-dessous !

— Je ne me réjouis que de ce que cela annonce. Je n'ai rien contre tous ces nigauds qui se laissent mener par le bout du nez. Ce n'est pas d'eux que je veux me venger. Seules deux vies m'intéressent. Lorsque je les aurais enfin prises, mon existence reprendra son cours normal.

— En tout cas, je te félicite. Tout s'enchaîne à merveille.

— Oui, le choix de notre allié s'est révélé tout à fait judicieux. Son dernier coup a poussé Valori à agir. Attendons encore quelques jours, le temps que la population se lasse. Elle abattra ce fou aussi vite qu'elle l'a élevé. Savonarole s'effondrera alors à son tour et nous pourrons enfin nous en débarrasser.

— C'est admirable ! Tu seras grassement récompensé.

— Commencez par me donner le livre, comme vous me l'avez promis.

— Ah, oui ! le livre… Attends voir…

Le cardinal tira un petit paquet d'une des poches de sa robe et le tendit à son interlocuteur, qui le glissa sous son pourpoint.

— J'y ajouterai une prime conséquente. Tu l'as bien méritée.

— Je ne veux pas d'argent.

— Comment ça ? Nul ne refuserait quelques bonnes pièces d'or !

— Nous ne sommes décidément pas du même monde, Éminence. Pour vous, cela n'est que vieux parchemin et encre effacée, mais c'est un trésor bien plus précieux que tout l'or de votre royaume. Vous ne savez pas lire entre les lignes. C'est ce qui vous perdra, le moment venu.

— Et la putain ?

— Patience, je saurai bientôt où elle se terre. J'attends le moment propice.

— Il faut faire vite. Si elle se met à tout raconter, je suis mort ! Et il y a cette lettre qui traîne…

— Si votre homme n'avait pas fait une erreur aussi grossière, nul n'aurait été au courant de votre implication dans le projet. Je me suis moi aussi compromis à cause de cet imbécile. Je devais me contenter d'observer la tournure des événements.

— Ne t'inquiète pas. Je suis le seul à savoir que tu travailles pour moi. Lui-même ne connaît pas ton existence. Il aurait d'ailleurs mieux valu l'avertir de notre collaboration, cela aurait évité que ses sbires…

La silhouette l'interrompit d'un geste impérieux de la main.

— Surtout pas… Je devais prendre ce risque pour que

cela paraisse crédible. Malatesta n'hésiterait pas à me tuer s'il avait le moindre doute...

Il n'acheva pas sa phrase. La lueur des innombrables incendies éclaira fugacement son visage. Ce que Saint-Malo lut dans ses pupilles le fit frémir.

13

Il était exactement minuit lorsque Machiavel et Guicciardini frappèrent à la porte arrière du bordel de donna Stefania. La prostituée qui les accueillit n'était guère plus âgée que la morte de l'église. Elle frissonna lorsque le vent glacial caressa le corsage flottant sur ses formes toutes juste ébauchées, puis elle les conduisit dans une pièce entièrement tapissée de velours rouge.

Au centre, sur un guéridon finement marqueté, était posé un petit cavalier de bronze, sculpté avec un raffinement et une maîtrise remarquables. Comme si elle lui appartenait, Guicciardini empoigna la statuette et s'amusa à la faire passer de main en main. Il manqua la laisser choir sur le sol lorsque la voix sévère de donna Stefania s'éleva dans son dos :

— Je vois que tu apprécies mon Michel-Ange. Ne me l'abîme pas, veux-tu ?

Avec précaution, Guicciardini remit la statuette à sa place et se tourna vers la maquerelle. Celle-ci avait retrouvé ses ornements clinquants. D'énormes bagues recouvraient ses doigts maigres. Elle portait une robe de soie verte, largement ouverte sur sa poitrine distendue.

— Vous semblez bien calme ! Ne craignez-vous pas que votre établissement ne soit attaqué ?

— Qu'ai-je à craindre, mon garçon ? Le plus grand rêve des garnements qui sont en train de tout brûler dehors est d'accumuler assez de ducats pour venir se faire dépuceler dans mon bordel ! Et même s'ils s'avisaient de venir m'importuner, j'ai quelques amis bien bâtis capables de leur donner une bonne leçon. Vous êtes dans le lieu le plus sûr de la ville.

— Pourquoi nous avoir appelés alors ?

— J'ai besoin de vous. Il m'était impossible de vous faire confiance lorsque vous êtes venus l'autre jour. Je vous ai fait suivre. Je suis maintenant certaine de pouvoir me fier à vous. Je ne cours pas grand risque à accueillir chez moi un secrétaire de chancellerie et un élève de Ficino.

— Vous connaissez mon maître ? s'étonna Guicciardini.

— Que crois-tu, mon petit ? Les illettrés ne sont pas les seuls à fréquenter les bordels ! Ficino a été l'un de mes premiers clients. C'est même un des seuls dont je m'occupe encore personnellement.

La vision du vénérable philosophe, allongé à côté du corps maigre et couvert de bijoux de la vieille maquerelle, fit sourire Guicciardini. Il se demandait quelle serait la réaction d'Annalisa s'il lui révélait certains détails de la vie nocturne de son oncle.

— Vous savez donc quelque chose sur la disparition de Boccadoro ? insista Machiavel.

— Bien sûr ! J'en suis responsable.

— Comment ça ?

— Quand le premier cadavre a été trouvé, elle est venue me voir. Elle était très inquiète, presque terrorisée. Elle voulait à tout prix partir. Je la connais bien, cette petite, elle n'est pas du genre à exagérer. Alors j'ai décidé de l'éloigner quelque temps.

— Et vous ne nous l'avez pas dit !

— Comment aurais-je pu savoir pourquoi vous vouliez la voir ? Vous n'étiez pas les seuls à la chercher. Il y avait aussi ce nain...

La même exclamation s'échappa de la bouche des deux adolescents.

— Un nain ? Avec des yeux clairs, très lumineux ?

Pour la première fois, la tenancière du bordel parut décontenancée et perdit un peu de son aplomb.

— Oui, comment le sais-tu ?

Ignorant sa question, Machiavel poursuivit son interrogatoire :

— Vous l'aviez déjà vu auparavant ?

— Il accompagnait toujours son maître, un habitué de Boccadoro. Pendant que celui-ci faisait son affaire, il restait dans la pièce contiguë avec une de mes filles. N'importe laquelle, il n'avait pas de préférence.

Elle frissonna et fit une courte pause avant de reprendre son récit :

— Une vraie brute ! Il était violent, il frappait les filles. J'étais obligée de les payer le double pour qu'elles acceptent d'aller avec lui. Mais bon, vu ce que me donnait son patron pour Boccadoro, je ne pouvais pas refuser.

— Et son maître, comment était-il ?

— Je n'en ai pas la moindre idée. Il était toujours masqué, et ne m'a jamais adressé la parole. Il montait avec Boccadoro et il repartait, le tout sans un mot.

Comme il venait chaque semaine, je n'ai pas posé de questions.

— Et Boccadoro ne s'en plaignait jamais ?

— Tu penses ! Il lui laissait des pourboires extraordinaires ! Même si elle a vu à quoi il ressemblait, elle ne m'en a jamais parlé. Elle semblait avoir peur de lui.

— Avez-vous eu de ses nouvelles depuis la « disparition » de Boccadoro ?

— Le nain est revenu cinq ou six fois pour voir si elle n'était pas rentrée. Vous l'avez manqué de peu, d'ailleurs. Il est passé il y a une demi-heure à peine.

Donna Stefania s'aperçut aussitôt du trouble que sa remarque avait provoqué.

— Vous ne vous sentez pas bien, mes garçons ?

— Ce nain a presque assassiné par deux fois mon ami ici présent, articula Guicciardini avec peine. Si Niccolò n'avait pas montré des dons certains pour la course, il aurait fait une victime de plus !

— Une de plus ?

— Nous le soupçonnons d'être responsable de tous ces assassinats.

— Je le savais violent, mais de là à tuer autant de gens ! Pourquoi recherche-t-il Boccadoro, selon vous ?

— Il est possible qu'elle sache quelque chose qui pourrait mettre en danger les assassins. Avez-vous une idée de ce dont il s'agit ?

— Pas la moindre, murmura la maquerelle après avoir réfléchi durant de longues secondes. Je comprends mieux sa réaction, maintenant...

— Où pouvons-nous la trouver ? demanda brutalement Guicciardini, désireux d'en finir avant que le nain n'ait la mauvaise idée de revenir.

— Je l'ai envoyée à Pise, chez ma sœur. Une autre de

mes pensionnaires, Chiara, devait l'accompagner jusqu'aux abords de la ville.

— La fille de l'église, c'est elle ?

— Oui.

Donna Stefania détourna la tête. Gênés, Machiavel et Guicciardini ne surent que dire. La maquerelle se reprit après un long silence.

— Ils l'ont déchiquetée. La pauvrette était brisée de partout... Elle n'a pas dû résister longtemps avant de leur révéler la cachette de Boccadoro. Elle n'est plus en sécurité à Pise. Vous devez la retrouver avant eux.

— Je vous rappelle que la ville est assiégée par nos soldats. Je ne suis pas sûr que les Pisans nous laissent entrer par la grande porte !

— Je connais un moyen de pénétrer dans la ville. Un moyen que les poursuivants de Boccadoro ignorent.

— Tu as intérêt à revenir vite... et entier ! Sinon...

— Sinon quoi ?

Annalisa s'approcha de Machiavel, se haussa sur la pointe des pieds et approcha ses lèvres de l'oreille de son fiancé.

— ... sinon il se pourrait que j'accorde mes faveurs à des jeunes gens moins téméraires !

Machiavel fit mine de s'offusquer :

— Si quelqu'un ose s'approcher de ma promise, je lui ferai payer cher cet affront ! Je me chargerai moi-même de lui fracasser le crâne à coups de hache !

— Depuis quand suis-je votre promise, jeune homme ?

— Ne recherches-tu pas un homme capable de te protéger et de t'aimer comme tu le mérites ?

— Tu penses être celui-là, Niccolò ? Vraiment ?

Machiavel bomba la poitrine et toisa la jeune femme avec assurance :

— Bien sûr ! Tu vois quelqu'un d'autre, peut-être ?

— Si l'on exclut Ciccio, qui n'a aucune chance en raison de sa saleté, Domenico Pasquini pourrait très bien faire l'affaire.

Dès qu'il entendit ce nom, Machiavel bondit, exactement comme Annalisa l'avait escompté.

— Quoi ! Le tisserand ?

— C'est un excellent parti et il possède le plus gros commerce de tissus de la ville.

— Il a au moins vingt ans de plus que toi !

— Vingt-sept, pour être exacte. Sinon, il y a Bartolomeo Cerretani. Au moins, il a mon âge et est plutôt bien fait de sa personne.

— Enfin, Annalisa, c'est un parfait imbécile ! Il ne sait toujours pas compter jusqu'à cent. C'est ennuyeux pour un apprenti comptable.

— Que dis-tu de Fabio Dini ?

— Un coureur de jupons impénitent. Corbinelli l'a soigné le mois dernier pour une chaude-pisse.

Annalisa s'esclaffa, heureuse de voir à quel point le jeune homme, d'ordinaire si réfléchi et raisonnable, devenait crédule en sa présence. Elle contempla son visage fermé, puis l'embrassa, ce qui rendit immédiatement le sourire au secrétaire.

— Tu dois vraiment y aller ?

— Tu sais bien que oui. Ciccio jouerait volontiers les sauveurs de jeunes femmes en détresse, mais il est trop irresponsable pour qu'on l'envoie à Pise.

— Fais attention à toi…

— Je te le promets. Je serai très prudent.

Les remparts de Pise se dessinaient au loin, noyés dans la fumée des bombardes florentines. La poussière soulevée par les sabots des chevaux étirait ses longues volutes dans le ciel.

La plus grande difficulté avait été de convaincre ser Antonio de libérer Machiavel durant deux jours. Très habilement, Ficino avait prétexté des travaux de classement dans la Bibliothèque médicéenne pour réquisitionner son ancien élève. L'amour des archives ayant eu raison de ses ultimes réticences, ser Antonio avait offert deux jours de repos à son secrétaire, non sans s'être juré de lui faire rattraper au centuple le temps perdu.

Machiavel se tenait sur une colline située à environ un mille de la bataille. Un grondement sourd montait de la plaine. Fasciné par l'étrange ballet qui prenait corps sous ses yeux, il observa durant plus d'une heure l'inlassable mouvement des colonnes de fantassins. Malgré les dizaines de corps gisant déjà sous les murailles pisanes, les assaillants continuaient de monter à l'assaut par vagues successives.

Les assiégés n'étaient guère mieux lotis, puisqu'une quinzaine de canons submergeait les fortifications sous un déluge de plomb. Sans répit, les arquebusiers visaient tous les défenseurs qui commettaient l'erreur fatale de s'aventurer à découvert. La mort semblait fondre de toutes parts sur les murs pisans.

Affamée par de longs mois de siège et décimée par les épidémies, la cité rebelle était sur le point de céder. Les stratèges florentins avaient décidé d'utiliser simultanément toutes les forces dont ils disposaient pour briser enfin la résistance.

D'évidence, ce n'était plus qu'une question d'heures. S'il voulait retrouver Boccadoro et la faire sortir avant la curée, Machiavel devait faire vite.

À contrecœur, il délaissa ce fascinant spectacle et sortit de sa poche le plan que donna Stefania avait dessiné à son intention. Noyé sous une inextricable forêt de ronces, le tumulus paraissait impossible d'accès. Perplexe, il écarta prudemment du revers de la main les longues tiges acérées qui lui bloquaient le passage. Derrière l'épais rideau épineux naissait le souterrain.

L'odeur qui s'en échappait le prit aussitôt à la gorge. Plié en deux, il avança durant un long moment dans l'étroit boyau. Il comprit en entendant le piétinement des chevaux, à un ou deux mètres seulement au-dessus de sa tête, qu'il se trouvait juste sous le champ de bataille. Bien qu'en partie étouffé, le son cristallin des épées lui parvenait distinctement, tout comme celui, plus sourd, du choc des corps meurtris chutant à terre.

Cette effrayante proximité avec la mort lui fit hâter le pas. Il déboucha bientôt au cœur d'un jardin qui n'avait pas dû être entretenu depuis l'époque étrusque. Avec peine, il se fraya un passage à travers l'enchevêtrement des branchages.

Il sut d'instinct que la porte face à lui était la dernière. Derrière elle, il trouverait sans doute Boccadoro, mais aussi l'endroit où ses parents étaient morts. En l'ouvrant, il libérerait en même temps les plus pénibles moments de son enfance.

Treize années avaient passé. Il avait alors sept ans. La nuit commençait tout juste à jeter son manteau sombre sur la ville. Son père devait négocier l'achat d'un terrain à Pise. Il en avait profité pour emmener sa femme et son fils. Il voulait leur montrer cette fameuse tour qui s'obstinait à pencher en dépit des efforts conjugués des plus savants architectes.

Les souvenirs affluèrent de plus en plus vite. Avec une précision qui le fit frémir, il se remémora la surprise de son père lorsque la dague s'était enfoncée entre ses épaules. Il revit sa mère se précipiter vers le corps déjà sans vie et entendit à nouveau son hurlement.

Des bribes de phrases remontèrent des profondeurs de sa mémoire. « L'enfant aussi ?... — Non... trop jeune... tout oublié demain... » Et puis cette image, marquée à jamais dans son esprit : celle d'un homme corpulent, juché sur son cheval, vociférant ses ordres.

On n'avait jamais retrouvé les coupables. Vite close, l'enquête avait conclu à une tentative de vol ayant mal tourné.

Troublé par la violence de la scène qu'il venait de revivre, Machiavel attendit encore quelques instants avant de s'avancer. Ces derniers pas étaient les plus difficiles, il le savait. Il aurait aimé se trouver le plus loin possible de cette porte, à Florence peut-être, attablé avec ses amis autour d'un cruchon de vin. Mais la taverne de Teresa avait été réduite en cendres et il avait une mission à accomplir. Il posa la main sur le loquet, prit une profonde inspiration et se prépara à affronter son passé.

Il se figea lorsque le couteau se posa contre sa gorge. Une voix féminine s'éleva tout bas contre son oreille :

— Qui est donc ce damoiseau aussi discret qu'une meute de chiens sans cervelle ?

Une brève analyse de la situation lui fit comprendre que tout était perdu. Il se trouvait au cœur d'une cité ennemie, au moment où les siens donnaient l'assaut final. Au mieux, il passerait pour un espion et on le pendrait après un rapide passage devant le commandant de la place. Au pire, on le torturerait longuement pour connaître les raisons de sa présence, avant de l'abandonner aux rats dans un cachot humide.

— Que fais-tu là ? Vas-tu me répondre ou bien préfères-tu que mon couteau s'enfonce plus loin encore ?

— Je... je ne suis pas certain que mon explication pourra satisfaire votre curiosité...

— Penses-tu vraiment avoir quelque chose à perdre ? Essaie toujours ! ordonna la femme d'un ton agacé.

— D'accord, mais je me sentirais mieux si vous éloigniez un peu votre arme de mon cou.

La pression se relâcha. Pas assez cependant pour qu'il soit tenté de se dégager.

— C'est donna Stefania qui m'envoie...

La lame se retira de quelques pouces supplémentaires.

— Tu ne pouvais pas le dire plus tôt, imbécile ?

14

Lorsqu'il se retourna, Machiavel eut la vision brutale de ce à quoi devait ressembler un ange. Devant lui se tenait en effet la plus belle créature de Dieu qu'il eût jamais aperçue. Durant une fraction de seconde, il eut la perception très claire du sentiment qu'avait dû éprouver Dante quand, pour la première fois, il avait aperçu Beatrice, nimbée dans l'évidence de sa beauté.

Il contemplait la jeune femme avec une expression de surprise mêlée de fascination. Elle devait être habituée à susciter ce genre de réaction, car elle se contenta de hausser les sourcils.

— Pourquoi donna Stefania t'a-t-elle envoyé ?

Sa voix avait perdu de sa sévérité. Un léger accent déformait les sons produits par sa bouche parfaite. Troublé par les émeraudes étincelantes qui le fixaient, Machiavel ne parvenait pas à prononcer le moindre mot.

La jeune femme le secoua par le bras. L'écho des canonnades envahit à nouveau ses sens. Il bredouilla enfin une réponse :

— Je cherche Boccadoro.

— Que lui veux-tu ?

— Cela ne vous concerne pas. Conduisez-moi à elle si vous savez où elle est.

— Prouve-moi que tu viens bien de la part de donna Stefania.

— Comment aurais-je pu connaître ce passage, d'après vous ? Vous croyez vraiment qu'elle aurait brisé son secret si elle n'y avait pas été contrainte ?

Une lueur d'intérêt traversa les pupilles de la jeune femme. Machiavel sut qu'il avait gagné la partie.

— Je dois lui parler. Nous avons perdu assez de temps comme ça... Il ne faudrait pas qu'il lui arrive malheur par votre faute.

Agacée, la jeune femme haussa les épaules. Machiavel ne put résister au plaisir de voir ce frisson fugace courir à nouveau sur sa peau.

— Et cessez de me menacer avec ce couteau, vous allez finir par vous blesser !

Si la fille était vexée, elle n'en laissa rien paraître. Elle hésita quelques secondes, puis fit disparaître l'arme d'un geste rapide.

— Bien, je me sens plus à l'aise !

— Pourquoi veux-tu rencontrer Boccadoro ?

— Je le lui dirai lorsque je la verrai devant moi.

— Vous êtes tous aussi bêtes les uns que les autres...

— Quoi ?

— Vous, les hommes, vous êtes incapables de voir plus loin que le bout de vos bottes crottées.

— Pourquoi ? Que devrais-je voir ?

— Je suis Boccadoro.

Honteux de ne pas avoir su reconnaître la beauté dont résonnaient toutes les rues de la cité, Machiavel comprit l'étrange fascination qu'exerçait la jeune femme. Elle n'était pas seulement belle à couper le souffle, elle était avant tout sauvage. Son métier de prostituée n'avait pas brisé sa volonté, au contraire il lui avait donné le pouvoir de plonger le souvenir de son visage au plus profond du cœur des hommes.

Il sentit la force de cette attraction envahir ses sens. Ses yeux glissèrent sur les hanches gainées de velours rouge, remontèrent aux seins, dont le relief prometteur était mal dissimulé par un bustier généreusement ouvert. Ils suivirent la petite veinule bleutée qui frémissait le long de son cou, puis se posèrent sur sa bouche.

— Parle ! Pourquoi donna Stefania t'a-t-elle envoyé ?

Machiavel ne savait comment présenter les choses. Il opta pour la réponse la plus directe :

— Chiara est morte.

— Chiara ? Mais comment ?

— On a retrouvé son corps hier matin dans l'église Santa Croce. Elle a été torturée.

— Mon Dieu, elle était si jeune ! Qui a fait ça ?

— Ceux que tu as fuis.

— Ils savent où je suis, alors…

— Cela ne fait aucun doute. Chiara n'a pas dû leur résister longtemps. T'a-t-elle accompagnée jusqu'au passage secret ?

— Non, il était plus prudent qu'elle ignorât où se trouve l'entrée du souterrain. Donna Stefania lui avait ordonné de me laisser à deux milles de Pise.

— Les tueurs ignorent donc comment t'atteindre. Par contre, dès que la ville tombera, ils pourront y entrer en se mêlant aux soldats. Il faut partir tout de suite.

— Je ne peux pas. Je dois aller prévenir donna Martina.

— Qui est-ce ?

— La sœur de donna Stefania. Elle m'a accueillie avec tant de bonté...

— C'est trop dangereux. On ne peut pas se permettre de perdre plus de temps.

— Je ne m'en irai pas sans l'avoir remerciée.

— Où habite-t-elle ?

— Juste au coin de la rue. Il suffit de sortir du jardin.

Boccadoro s'éloigna d'un pas décidé avant même d'avoir achevé sa phrase. Machiavel la retint par le bras.

— Écoute !

— Je n'entends rien.

— Justement. Ni canons, ni cris... Tout est parfaitement silencieux. La ville est tombée. Nous devons partir immédiatement.

— Non ! Pas sans être allés d'abord chez donna Martina.

Machiavel hésita. Rester plus longtemps dans Pise n'était pas raisonnable. Mais, après tout ce qu'il avait vécu au cours des derniers jours, l'idée même de raison n'avait plus guère de sens pour lui.

— C'est bon. Faisons vite !

Boccadoro l'attira dans la rue. Le silence y était oppressant. Par un réflexe vain, tous les habitants s'étaient réfugiés chez eux, dans l'espoir d'échapper le plus longtemps possible à la vindicte des soldats. En majorité composées de mercenaires, les troupes florentines n'étaient payées qu'une fois la victoire acquise. Pour quelques heures, la ville leur appartenait.

Les deux jeunes gens parcoururent en courant la courte distance qui les séparaient de la demeure de donna Martina. Machiavel ne put retenir une exclamation de surprise lorsque la porte s'entrebâilla :

— Donna Stefania !

— Le Seigneur a en effet jugé bon de nous faire naître identiques. Je suis sa sœur jumelle. Entrez, dépêchez-vous, ils ne vont plus tarder. Il ne fera alors plus très bon être dehors.

— Nous ne pouvons pas rester, dit Boccadoro. Je voulais juste vous remercier et vous dire adieu.

— Vous ne pouvez pas partir maintenant, avec ces soldats partout !

— Boccadoro court un danger bien plus grand ici, intervint Machiavel. Ceux qui la cherchent seront là dans peu de temps.

Sans laisser à donna Martina le loisir de protester plus longuement, Boccadoro prit les mains de son hôtesse dans les siennes.

— Je n'oublierai jamais votre bonté !

Elles se serrèrent l'une contre l'autre. Des larmes coulaient sur les joues des deux femmes.

— Prends soin de toi, ma belle. Et toi, jeune homme, protège-la comme il se doit !

Machiavel acquiesça en silence, tandis que donna Martina risquait un œil à l'extérieur.

— Tout a l'air calme. Dépêchez-vous !

— Merci, et que Dieu vous garde !

— Fuyez, maintenant !

Machiavel entraîna Boccadoro en direction du passage secret. Soudain, des centaines de cris de douleur s'élevèrent en même temps des entrailles de Pise.

— Ça y est ! Ils sont entrés.

Machiavel sentit la main de Boccadoro se resserrer sur sa paume.

— J'ai laissé les chevaux à la sortie du souterrain. Si nous arrivons jusqu'au jardin, nous serons sauvés.

Le salut se trouvait désormais à moins de cinquante

pas. Les deux jeunes gens se mirent à courir. Ils entendaient distinctement les hennissements des chevaux et les hurlements des soudards.

Des cavaliers passèrent au galop devant la maison de donna Martina. L'homme de tête, un solide Brandebourgeois, leva son épée au ciel, prêt à décapiter les fuyards en pleine course. Encore trois foulées et il allait enfin pouvoir faire payer à ces damnés Pisans de l'avoir condamné à l'abstinence durant ces longs mois. Ce serait d'abord le temps du sang, puis il goûterait de nouveau au parfum des femmes et aux saveurs de l'alcool.

Le Brandebourgeois adorait sentir la puissance terrifiante de la haine le pénétrer tout entier. Il savait alors que nul ne pouvait plus arrêter la force vengeresse de son bras. Les instants pendant lesquels l'envahissait ce sentiment compensaient à eux seuls les souffrances du siège. Pour eux, il était prêt à traverser l'Italie et à attendre le temps nécessaire au pied d'une citadelle assiégée. Pour ces quelques secondes d'éternité, il était même prêt à mourir.

Les fuyards étaient au bout de son épée. Il distinguait désormais leurs traits tirés et pouvait humer l'odeur de leur peur. Il retarda son coup, car il savait qu'il marquerait en même temps l'apothéose et le terme de sa jouissance, puis son arme fendit l'air.

Son épée commençait tout juste à redescendre lorsque les deux jeunes gens se retournèrent. Sans doute, en un ultime défi au destin, voulaient-ils voir la mort en face. Dans un geste désespéré, le jeune homme tenta de se placer devant sa compagne pour la protéger. Elle le repoussa et, d'un geste si fluide qu'il parut irréel au mercenaire, tira un couteau de sous sa robe.

La lame du Brandebourgeois n'eut pas le temps

d'achever son arabesque mortelle. Elle glissa de ses mains et se fracassa sur le sol. Stupéfait, le soldat contempla l'entaille béante qui ornait le haut de sa cuisse, puis glissa lentement de sa selle et s'effondra.

Allongé sur le sol, il regarda le sang s'échapper de sa jambe, d'abord lentement, puis de plus en plus vite. Sa vie le fuyait au rythme du liquide écarlate.

Une étrange torpeur l'envahit. Il ne ressentait aucune douleur. Malgré la fatigue qui pesait sur ses paupières, il voulait profiter de la vie jusqu'au dernier instant.

Une silhouette féminine traversa furtivement son champ de vision et se faufila dans un jardin. Il crut y voir un ange l'invitant à le suivre au paradis. Il tenta de ramper vers l'éden, mais la porte se referma avant qu'il ait pu l'atteindre.

Vingt minutes suffirent à Machiavel et Boccadoro pour traverser la galerie. Plongée dans un état second, la prostituée n'avait toujours pas lâché son couteau. Sa main se crispa autour de celle du jeune homme lorsque la lumière du jour les enveloppa. Sans se retourner sur la ville en flammes, ils prirent la direction de Florence.

Ils galopèrent un long moment sans qu'aucun d'eux n'ouvre la bouche. Machiavel se retourna soudain pour crier quelque chose. Le vent emporta ses paroles. La jeune femme frappa du talon le flanc de son cheval et se rapprocha de lui.

— Puis-je te demander quelque chose, Boccadoro ?

— Oui, bien sûr…

— Que faisais-tu dans le jardin, tout à l'heure ? Tu aurais dû rester enfermée chez donna Martina, non ?

Les joues de la prostituée s'empourprèrent.

— En vérité, je ne sais pas trop ce qui m'a poussée à aller là-bas. J'ai eu comme une sorte de pressentiment. Je ne saurais pas l'expliquer. Peut-être était-il écrit que nos destins se croiseraient aujourd'hui…

Elle s'interrompit, puis questionna à son tour son compagnon :

— Au fait, comment t'appelles-tu ?

— Niccolò.

Le vent rabattit ses cheveux sombres sur son visage. Elle les repoussa vers l'arrière d'un geste nerveux.

— Merci de m'avoir tirée de là, Niccolò.

— Ce n'est rien. Rentrons vite…

Le voyage se déroula sans encombre ni paroles superflues. Le soleil disparaissait à l'horizon au moment où ils franchirent la porte septentrionale de la ville.

Florence semblait morte. Même les soldats de garde avaient déserté leurs postes. L'agitation des jours précédents avait cédé la place à l'atonie la plus totale.

Ils descendirent de cheval et s'avancèrent jusqu'au Ponte Vecchio. Les étals des bouchers, d'ordinaire en proie à une activité effrénée à cette heure du jour, montraient le triste spectacle de leurs devantures closes.

Ils virent les premiers attroupements à proximité du baptistère. Des centaines de personnes, réparties en petits groupes, discutaient à voix basse.

— Que se passe-t-il ? demanda Machiavel à une jeune lavandière.

— Vous n'êtes pas au courant ? Vous devez bien être les seuls !

— Nous venons d'arriver.

— On a encore retrouvé un cadavre aujourd'hui, devant l'Ospedale della Carità. Une petite fille.

— Seulement, cette fois, ajouta une vieille femme dévorée par les rides, on a aperçu les meurtriers.

— Comment ça ?

— Ils ont agi à l'aube, quand tout le monde dormait. La religieuse de garde a entendu des coups contre la porte et est allée voir ce qui se passait. Elle s'est retrouvée nez à nez avec les assassins. Elle a hurlé si fort qu'ils se sont enfuis. La petite était clouée sur la porte par les poignets et les chevilles, comme le Christ. Ils n'ont emporté que ses yeux.

— Et le pire, reprit la lavandière, c'est que la pauvrette n'est pas morte tout de suite. Elle s'est réveillée quand on l'a décrochée !

Les mots se brisèrent dans sa gorge. Incapable de continuer, elle détourna les yeux et fixa le sommet du dôme. Au léger mouvement de ses lèvres, Machiavel comprit qu'elle priait.

— Savez-vous ce qu'a vu la religieuse ?

La vieille femme répondit à la place de la lavandière ·

— Elle a entrevu plusieurs tueurs. Un très grand et un autre beaucoup plus petit.

— Ils étaient seulement deux ?

— Non, souffla-t-elle à voix plus basse, il y en avait un autre. C'était un moine ! Un moine de San Marco !

— Elle l'a reconnu ?

— Non, mais elle a bien vu sa robe. Noire et blanche !

La vieille avait éructé plus qu'elle n'avait parlé. Un homme à la peau trouée par la vérole se joignit à la conversation :

— Ce ne peut être que ce damné dominicain ! On en a tous assez de lui et de ses suppôts ! Ils ont déjà brûlé nos bordels et nos tavernes, et maintenant ils tuent nos petites !

— C'est bien vrai, renchérit la vieille, il faut que ça cesse ! On va leur faire payer !

Le murmure de la foule grossit peu à peu, jusqu'à se transformer en un grondement sourd. Des cris de colère fusèrent de toutes parts :

— À mort, le moine !

— Pendons-les tous !

— Savonarole, tueur d'enfants, tu vas payer pour tes crimes !

Effrayé par la violence de la réaction populaire, Machiavel repoussa Boccadoro vers le coin le plus reculé de la place.

Parmi tous ces gens, beaucoup avaient assisté aux sermons de Savonarole et participé à ses processions. Une semaine auparavant, ils auraient été prêts à tout pour le défendre et voilà qu'à présent, ils criaient leur haine et leur soif de vengeance. Les excès de Valori et de ses partisans avaient suscité un immense mouvement de rejet. Leur violence se retournait contre eux. L'enchaînement des événements était effrayant, tant il laissait entrevoir leur inévitable issue.

Il était temps de mettre Boccadoro à l'abri, avant que la colère du peuple ne devienne incontrôlable. En s'éloignant, Machiavel se retourna une dernière fois sur la foule qui ne cessait d'affluer devant le baptistère.

Le doute se transforma en certitude : il était déjà beaucoup trop tard.

15

Marsilio Ficino habitait à quelques rues seulement du monastère de San Marco, au cœur de la zone menacée par les émeutiers. Annalisa ouvrit la porte. Un large sourire aux lèvres, elle se jeta dans les bras de son fiancé, mais esquissa un geste de recul quand elle aperçut sa compagne.

— Annalisa, je te présente Boccadoro.

La nièce de Ficino contempla la prostituée avec un mélange de froideur et de méfiance.

— Enchantée, se contenta-t-elle de dire, sur un ton qui signifiait exactement le contraire.

— Moi aussi. Je suis ravie de te connaître.

Boccadoro avait parlé avec lenteur, en insistant sur chacun des mots qu'elle avait prononcés et sans jamais la quitter des yeux.

Machiavel se sentit soudain coupable d'être tombé si facilement sous le charme de la prostituée. L'irrésistible fascination qu'elle exerçait sur les hommes pesait sur chacun de ses gestes. En sa présence, il se sentait comme un insecte face à une bougie, conscient de courir le risque de se brûler s'il s'approchait trop, mais incapable de se libérer de son champ d'attraction.

Il se rapprocha d'Annalisa et ses doigts glissèrent sur ceux de la jeune femme. Ce geste presque imperceptible suffit à la rassurer. Elle recula d'un pas et leur fit signe de la suivre.

Marsilio Ficino dînait lorsque les visiteurs firent leur entrée. Il se leva pour les accueillir. Attablés face à lui devant un énorme plat de pâtes, Guicciardini se figea. Le long vermicelle qu'il était en train d'aspirer resta pendu dans le vide. Vettori fit preuve d'une plus grande sobriété et se contenta de contempler la prostituée d'un œil concupiscent.

Gêné par la réaction de ses amis, Machiavel fit néanmoins les présentations :

— Boccadoro, je te présente Marsilio Ficino, le dernier philosophe digne de ce nom. Les deux nigauds au fond sont Francesco Vettori et Piero Guicciardini.

Ce dernier se dressa sur ses pieds. Sa chaise se renversa dans un vacarme épouvantable.

— Tu peux m'appeler Ciccio. Mes amis m'appellent comme ça.

Vettori se releva à son tour et s'approcha de Boccadoro en contournant la table. Il prit les doigts de la prostituée entre les siens et posa ses lèvres sur le revers de sa main.

— Je suis Francesco. Si tu as besoin d'aide, je serai là.

— Merci, j'y songerai..., bredouilla-t-elle.

— J'y compte bien !

Devant le trouble de son interlocutrice, Vettori finit par lâcher sa main et retourna s'asseoir.

— Vous devez avoir faim, non ? demanda la nièce de Ficino.

En réalité, sa question s'adressait surtout à Machiavel, mais Boccadoro acquiesça.

— Bien, je vais vous chercher des pâtes.

— Attends !

La voix de Boccadoro s'était élevée si brusquement qu'Annalisa sursauta.

— Puis-je t'aider ?

— Euh... Oui, bien sûr...

Côte à côte, les deux femmes sortirent de la pièce. Ficino les suivit des yeux, puis se tourna vers Machiavel :

— As-tu entendu les dernières nouvelles, Niccolò ?

— Il est difficile d'y échapper.

— Qu'en penses-tu ?

— Je vous connais trop bien pour ignorer que votre question n'est pas dépourvue d'arrière-pensées...

— J'ai effectivement mon idée, mais je suis sans doute devenu trop prudent avec l'âge. J'attends de toi la confirmation de mon hypothèse.

— C'est trop simple. Ils savent toujours exactement ce qu'ils font. Ils sont trop malins pour se laisser surprendre ainsi.

— Ils se seraient fait repérer intentionnellement, alors ? demanda Guicciardini dans un nouveau bruit de mastication. C'est une nouvelle mise en scène ?

— J'en ai l'impression.

Ficino intervint à nouveau :

— Je suis heureux de voir que les ans n'ont pas encore infligé à mon cerveau de dommages irréversibles. C'est exactement la conclusion à laquelle j'étais parvenu.

— Mais pourquoi ont-ils pris un tel risque ? s'interrogea Vettori. Ils ont failli se faire arrêter !

— Tout était calculé, Francesco. La religieuse qui les a surpris était parfaitement inoffensive. Ils voulaient seulement être vus pour qu'on sache qui ils sont... ou plutôt qui leur chef est censé être.

— Savonarole...

— Personne ne l'a reconnu avec certitude, reprit Ficino, mais tous les indices sont là. Un moine, qui plus est un dominicain... C'est amplement suffisant pour l'accuser.

Machiavel fit une moue dubitative.

— Cela n'avait rien à voir. C'était à moi que le nain en voulait ce jour-là.

— Pardonne-moi cette constatation, Niccolò... Néanmoins, même si j'en suis très heureux, je doute qu'il ait pu te manquer deux fois de suite.

— Vous insinuez qu'il m'a laissé la vie sauve à dessein ?

— Plus j'y songe et plus je suis convaincu que tu sers d'appât depuis le début. Je ne sais pas pourquoi ils t'ont choisi, mais ils semblent contrôler chacun de tes gestes.

Machiavel se remémora les événements de la semaine écoulée. Tout s'enchaînait parfaitement dans son esprit.

— Saint-Malo m'a attiré dans cette ruelle et son tueur m'a bloqué la route. Je n'avais d'autre choix que de me jeter dans les bras de Savonarole...

— J'en ai bien peur.

— Mais pourquoi ?

— Pour créer de toutes pièces une relation entre Savonarole et les meurtres. Même s'il n'y est pour rien, il était là quand le nain a massacré ces malheureux. Dans l'esprit des gens, il est désormais impliqué. C'est cela qui compte.

— Personne ne va se laisser abuser par un plan si grossier !

— Plus la foule est nombreuse et plus elle est crédule, Francesco. Les esprits étaient préparés depuis longtemps à la culpabilité de Savonarole. Il a suffi de leur montrer ce qu'ils voulaient voir.

— Si ce n'est lui, c'est l'un des siens... Le terrain était prêt. Il ne restait plus qu'à faire germer la graine.

— Et la semence est en train de pousser à toute allure. Ce sera bientôt un arbre qu'il sera bien difficile de mettre à bas.

Piero Guicciardini fit un signe de la main pour réclamer la parole.

— Attendez, maître... Les assassins savaient par avance ce qu'allait faire Niccolò, avez-vous dit. C'est bien cela ?

Le philosophe hocha la tête.

— Dans cas, ils avaient prévu qu'il ramènerait Boccadoro ici.

— Je crains que tu n'aies raison, Piero. Nous sommes tombés dans leur piège comme des enfants. Nous allons devoir veiller très attentivement sur elle.

Comme s'il voulait repousser ce sinistre augure, le philosophe se tut et le silence retomba sur la petite assemblée. Ficino contempla son assiette tachée de sauce. Il se sentit soudain profondément las. La mort rôdait autour de lui depuis trop longtemps. La couleur du sang avait souillé tout ce à quoi il tenait. Il avait maintenant peur pour les dernières personnes qui lui étaient encore chères.

— Nous avons fait une terrible erreur en amenant Boccadoro ici, conclut-il d'une voix fatiguée. Enfin... Ce sera peut-être un mal pour un bien. En tout cas, mes garçons, ne la quittez pas des yeux. À aucun moment vous ne devez leur laisser la possibilité de l'atteindre.

Il se releva en prenant appui sur le dossier de sa chaise et se dirigea vers la cuisine.

— Bah... N'y songeons plus pour ce soir. Allons

plutôt voir si nos deux donzelles ne se sont pas entretuées.

Annalisa et Boccadoro étaient agenouillées devant la large cheminée. Tournant le dos à l'entrée, elles ne se rendirent pas compte tout de suite qu'on les observait. Boccadoro prononça quelques mots à voix basse. Le rire joyeux d'Annalisa résonna dans la pièce.

— Je vois que vous avez fait connaissance ! s'exclama Ficino.

Les deux jeunes filles se retournèrent d'un même mouvement, un peu troublées d'avoir été prises sur le fait.

— Boccadoro me racontait des histoires de son pays, se justifia maladroitement Annalisa. Elle vient d'Afrique, vous savez !

Vettori se précipita dans la brèche.

— Merveilleux ! Est-ce vrai ce qu'on raconte ? Que là-bas certains hommes dévorent la cervelle encore chaude de leurs ennemis après la bataille ?

— Je n'ai jamais entendu parler de ces guerriers cannibales, répondit Boccadoro avec un sourire indulgent. Il n'y en a pas dans ma région. Peut-être vivent-ils plus au sud...

— D'où viens-tu ?

— Ma terre n'est séparée de la vôtre que par un mince bras de mer.

Boccadoro souriait toujours, mais ses yeux étaient empreints d'une profonde nostalgie.

— Comment es-tu arrivée ici ? lui demanda Machiavel.

— Un marchand m'a achetée à mes parents lorsque je suis devenue femme. J'avais quatorze ans quand il m'a amenée ici avec lui. Il était amoureux de moi, vous comprenez ? Il me voulait pour lui... Pour lui seul. Je m'occupais de sa maison et je partageais sa couche. Ça a duré un peu plus de deux ans. Puis ses affaires se sont dégradées et il a été contraint de me vendre à donna Stefania. J'ai eu de la chance, elle aussi s'est montrée très bonne avec moi.

— Et qu'est devenu l'homme qui t'a amenée ici ?

— Il est mort, répondit la prostituée en fixant le fond de l'âtre. Il y a moins d'une semaine...

— Trevi..., murmura Machiavel.

Boccadoro acquiesça :

— Il n'a jamais cessé de m'aimer, même après m'avoir vendue. Il me disait tout le temps qu'il me rachèterait.

— Il avait vraiment l'argent ? Elle ne t'aurait jamais laissée partir, même contre une fortune.

— Trevi était malin. Lorsqu'il m'a vendue, il a fait signer à donna Stefania une clause stipulant que, s'il parvenait à réunir cinq mille ducats, elle serait obligée de me céder à lui. Chaque mois, il parvenait à économiser vingt ou trente ducats. Seulement, ça n'allait pas assez vite à son goût. Alors il a voulu accélérer les choses...

— Il a volé quelqu'un ? demanda Guicciardini.

— Non, il n'était pas toujours très honnête, mais ce n'était pas un voleur. C'est à cause de ce moine, au bordel.

Annalisa manqua de s'étouffer :

— Un moine ? Dans un bordel ?

— Ce n'est pas le premier serviteur de Dieu que j'ai comme client. J'ai même eu un évêque une fois ! Si tu connaissais le nom de tous ceux qui viennent chez donna Stefania, tu serais bien surprise !

D'un clin d'œil entendu, Guicciardini fit comprendre à Ficino qu'il n'ignorait rien de ses aventures avec la maquerelle. Le philosophe ne put empêcher un léger rosissement de gagner ses joues.

— Le moine est arrivé il y a un peu plus de deux ans. Personne ne l'avait jamais vu auparavant, mais il est très vite devenu un habitué. C'était un client étrange. Il refusait absolument de se déshabiller. Un jour, cependant, il a soulevé sa robe un peu plus haut que d'habitude et j'ai aperçu les cicatrices sur son torse.

— Les cicatrices ?

— Deux balafres, l'une horizontale et l'autre verticale. Elles forment une croix qui part de la base du cou et va jusqu'au nombril. Quand je le lui ai dit, Trevi est devenu comme fou. D'après ce que j'ai compris, il l'avait rencontré en Afrique. Ils devaient traiter ensemble et l'autre avait essayé de le rouler. Trevi ne connaissait pas son vrai nom. À l'époque, il se faisait appeler Princeps, parce qu'il vivait dans une sorte de palais, avec des dizaines de serviteurs. Selon Trevi, il avait dû quitter la ville il y a très longtemps, à cause d'un très gros scandale.

Elle fit une pause pour reprendre son souffle.

— Le lendemain, Trevi a guetté l'apparition du moine. Il l'a suivi pendant près d'une semaine. Il a fini par découvrir ce qu'il tramait.

— Sais-tu ce qu'il avait appris ?

— Non, il n'a jamais voulu me le dire. Il prétendait que je serais en danger si j'étais mise au courant.

— Tu as quand même mis la main sur quelque chose d'intéressant : tu as volé la lettre de change au moine.

— Oui, souffla Boccadoro. Elle dépassait de la poche de sa robe. Il ne s'est pas rendu compte que je m'en étais emparée. Le soir même, Trevi est allé chez lui pour le menacer de rendre publique la lettre s'il ne lui donnait pas de l'argent. Beaucoup d'argent... Assez pour me racheter.

— Il pensait qu'elle suffirait à le protéger..., songea Ficino à voix haute. Cela prouvait que le traître était à la solde de Saint-Malo. Il ignorait combien l'homme était dangereux.

— Il l'avait pourtant mise en sûreté chez un de ses amis, un peintre. Il était sûr que personne n'irait la chercher là-bas. Del Garbo l'a cachée en lui laissant des indices suffisants pour la retrouver en cas de problème.

— Comment Trevi a-t-il réagi en apprenant la mort de Del Garbo ?

— Il est retourné voir le moine et a menacé de le dénoncer pour l'assassinat s'il ne lui donnait pas plus d'argent encore.

— Et qu'a fait le moine ? demanda Annalisa, tout acquise à sa cause.

— Il était furieux. Il ne voulait rien donner avant d'avoir vu la lettre.

— Le problème était que Trevi ne l'avait plus...

— Del Garbo l'avait trop bien dissimulée. Il a retourné tout l'atelier sans mettre la main dessus. Il était terrifié car il savait que le moine finirait tôt ou tard par envoyer quelqu'un pour le tuer.

— Ça n'a pas manqué, c'est le moins qu'on puisse dire..., conclut Guicciardini dans un de ces délicats euphémismes dont il avait le secret.

— Je suis alors allée voir donna Stefania. Je ne voulais pas la mêler à tout cela, mais je devais m'enfuir pour ne pas connaître le même sort. Vous connaissez la suite.

Machiavel tentait de remettre en ordre tous les fils de l'intrigue. Un dernier point le troublait encore.

— Pourquoi ce Princeps veut-il te tuer ? Tu n'as pas la lettre, et Trevi ne t'a rien dit. Les tueurs s'en sont probablement assurés avant de l'achever. Quelle menace représentes-tu pour lui ?

Boccadoro ne répondit pas. Elle baissa les yeux.

— Tu as vu son visage, n'est-ce pas ?

La prostituée hocha la tête.

— Pas tout à fait... Une seule fois, j'ai aperçu une partie de sa figure. Ça ne lui a pas plu du tout. Il m'a frappée et m'a dit de ne jamais plus lever les yeux sur lui.

— Tu pourrais le reconnaître ?

— Je ne sais pas. Cela s'est passé si vite... J'ai à peine entrevu son profil.

— Ce pouvait être Savonarole ? demanda Annalisa.

— Non, j'en suis certaine. J'ai déjà assisté à ses sermons. Ce n'était pas lui.

— Il nous a dit la vérité..., soupira Machiavel. Au moins, s'il avait menti, nous aurions su qui accuser. Nous ne sommes guère plus avancés.

Ficino posa sa main sur l'épaule de son élève.

— Au contraire. Boccadoro nous a fourni quelques éléments très intéressants. Ce moine est bien le traître que l'espion de Malatesta a surpris en compagnie de Saint-Malo. Je vais interroger certains de mes amis à la Guilde des marchands. Je saurai si l'un des leurs est rentré d'Afrique il y a peu. Quel âge a-t-il à peu près, ce Princeps ?

— Une cinquantaine d'années.

— Il devait être tout jeune lorsqu'il a fui la ville. Si le scandale a été aussi grand que le prétendait Trevi, il a fallu au moins trente ans pour que les gens l'oublient. Nos concitoyens ont la mémoire longue quand il s'agit d'histoires croustillantes.

— Si je comprends bien, nous devons faire resurgir un scandale vieux d'un quart de siècle ! Comment voulez-vous que nous nous y prenions ?

— Je ne sais pas, Niccolò. À l'époque, j'étais trop occupé pour m'intéresser aux ragots. Il faut sonder la mémoire de la cité, mais je ne connais personne qui...

— Dans ce cas, l'interrompit Vettori, nous avons de la chance : la seule qui puisse vraiment nous aider n'a rien de mieux à faire pour le moment !

16

— Ne me parlez plus de cette taverne !

La voix de Teresa avait tonné dans toute la maison. L'air mauvais, elle secoua la tête en signe de dénégation, bien décidée à repousser quiconque se hasarderait à lui poser à nouveau la question.

— Si vous m'avez fait venir pour ça, vous pouvez tout aussi bien aller vous coucher dès maintenant ! Je ne veux plus en parler, c'est du passé !

Machiavel savait que l'ancienne prostituée n'était pas facile à manœuvrer. Lorsqu'il l'avait retrouvée, sous un abri de fortune bâti au beau milieu des cendres encore tièdes de son auberge, il avait dû user de toute sa force de persuasion pour la convaincre de le suivre.

Il tenta néanmoins de la raisonner :

— Mais enfin, Teresa, nous avons besoin de toi. Nous voulons juste savoir si tu as déjà entendu parler de cet homme. Il s'agit d'une affaire de meurtre, tout de même !

— Et alors ? Je me moque de ce qui se passe dans cette foutue ville ! Tous ses habitants peuvent bien se faire égorger les uns après les autres que ça ne m'empêchera pas de dormir ! Je veux juste qu'on me laisse tranquille...

La voix de la malheureuse se brisa. Elle fondit en larmes, tandis que son grand corps se tassait sur lui-même en s'affaissant sur le sol. Incapable de se relever, elle demeura prostrée un long moment.

D'un signe du menton, Annalisa fit signe à ses amis de sortir de la pièce. Tous s'exécutèrent, à l'exception de Boccadoro, qui s'agenouilla près de Teresa et prit son visage entre ses mains.

— Ça va mieux ? demanda-t-elle d'une voix douce.

— Un peu, oui.

— Nous sommes conscients que ta situation n'est pas facile, dit Annalisa. Nous sommes tous prêts à te soutenir.

Teresa fixa le mur opposé, droit devant elle. Elle avait trop lutté au cours de son existence pour être dupe des paroles de son amie. Elle appartenait à ceux dont le destin est d'être sans cesse ballottés sur un interminable océan de larmes. Elle s'était bien battue, mais la vie l'avait vaincue. Toute son énergie s'était dissipée en même temps que les dernières volutes de fumée au-dessus des ruines de son auberge. Au fond d'elle-même, elle n'était plus qu'une vieille femme fatiguée et ruinée.

— Je n'ai plus la force de batailler, Annalisa. Tout aurait été plus simple si j'avais accepté ma condition dès le début.

— Rien n'est perdu. Nous t'aiderons, tu verras...

— Je suis certaine que donna Stefania serait heureuse de prendre des parts dans un établissement aussi florissant que l'était le vôtre, assura Boccadoro. Tout va recommencer, mais il faut d'abord en finir avec cette histoire.

Revigorée par les paroles des deux jeunes femmes,

Teresa retrouva un peu de sa superbe passée. L'espace d'un instant, son visage reprit l'aspect revêche qui effrayait tant les buveurs quelques jours auparavant.

— Que voulez-vous savoir ?

— Quand as-tu ouvert ta taverne ?

— Il y a exactement vingt-huit ans.

— Un jeune homme a été contraint de quitter précipitamment Florence à peu près à cette époque. Il avait dû être mêlé à une affaire très grave. Nous devons le retrouver.

Teresa passa la main dans ses cheveux et redonna un semblant d'ordre aux mèches humides de larmes qui s'étaient collées sur ses joues.

— Un scandale dont on se souviendrait encore aujourd'hui ? Un meurtre alors ? Non, je ne crois pas que ce soit suffisant. Il faut chercher quelque chose de pire encore. Comment est-il fait, votre gaillard ?

— C'est bien le problème. Nous l'ignorons tout à fait. Nous savons seulement qu'il se fait appeler Princeps et qu'il s'habille en moine.

— Un moine, dis-tu ? Attends, ça me rappelle quelque chose... Je ne vois qu'une seule histoire de ce genre, mais c'était il y a vraiment très longtemps. On a chassé un jeune dominicain parce qu'il couchait avec une novice du couvent voisin.

— Ce doit être cela ! s'exclama Annalisa, soudain très excitée. Tu n'en sais pas plus ?

Teresa secoua la tête d'un air impuissant.

— Je vais chercher mon oncle, reprit la jeune femme. Il en a peut-être conservé quelques souvenirs.

Elle revint un instant plus tard en compagnie du vieux philosophe.

— Annalisa m'a parlé d'un moine et d'une nonne ?

— Oui, ça remonte à un peu plus de vingt-cinq ans. Vous étiez déjà arrivé. Toutes les commères en ont fait des gorges chaudes pendant des mois !

— Tout à fait, approuva Ficino, ça me revient maintenant… Il a réussi à s'enfuir alors que les frères de la jeune femme étaient en train de lui faire passer un bien mauvais moment. Ils se sont tout de même vantés de l'avoir délesté de sa virilité. D'après le récit de Boccadoro, ses attributs semblent pourtant toujours en place. Fort heureusement, depuis que Ciccio officie parmi nous, les réseaux d'information sont devenus beaucoup plus fiables !

Teresa goûta modérément la plaisanterie du vieillard et tint à le lui signifier :

— Vous m'avez raconté un jour que pareille mésaventure a failli vous arriver à vous aussi. Ne vous moquez pas de ce pauvre garçon !

— Quelle mémoire ! J'avais moi-même presque oublié cet épisode fâcheux.

Il regretta aussitôt sa phrase, car Annalisa le contemplait avec de grands yeux étonnés :

— Qu'est-ce que c'est que cette histoire ? Pourquoi ne m'en avoir jamais parlé ?

— Tu n'as pas besoin de toujours tout savoir…, bredouilla son oncle. Je peux conserver quelques secrets, non ? J'étais bien jeune à l'époque. Et puis ce n'était pas à cause d'une nonne, dans mon cas.

Il balaya les interrogations de sa nièce du revers de la main, lui signifiant que le moment était mal choisi pour revenir à la charge.

— Si le moinillon est parvenu à s'envoler avant qu'on lui arrache les ailes, poursuivit-il, sa promise n'a pas eu cette chance. Quand il s'est échappé, les frères de sa maîtresse ont forcé les portes du couvent. Ils l'ont emmenée dans un champ et lui ont arraché les yeux. Elle a erré dans la campagne durant deux jours. Elle était dans un triste état quand on l'a retrouvée…

— Elle a survécu ?

— Je l'ignore. En tout cas, ses frères ont été jugés et innocentés. On a considéré qu'ils s'étaient contentés de laver l'honneur de la famille. Quant au moine, je comprends qu'il n'ait pas eu envie de rentrer plus tôt.

— Je peux admettre qu'il veuille se venger, insista Annalisa, mais pourquoi le faire de manière aussi barbare ?

— Il est le seul à avoir subi l'opprobre public, constata le philosophe. Sa colère s'est retournée contre la ville qui l'a banni. Quant au cardinal, il hait Soderini depuis que ce dernier l'a humilié devant tout le conseil et ne vit plus que pour lui faire payer cet affront. Sa mission est de nous pousser à accepter le traité d'alliance de la France. Son roi se moque des moyens qu'il utilisera pour parvenir à ses fins. Saint-Malo est prêt à tout, même aux pires horreurs.

Interloquée par ce qu'elle venait d'entendre, Teresa se redressa péniblement.

— Si je comprends bien, tout ça n'est qu'un piège pour plonger la ville dans la guerre civile ? Savonarole n'est pas vraiment responsable des destructions, alors ?

— Je suis même convaincu du contraire, répondit Ficino. Il est le principal visé dans cette affaire. On veut le décrédibiliser en l'accusant de tous ces meurtres. S'il tombe, il risque d'entraîner le gonfalonier. La république tout entière vacillera sur ses bases.

— Mais comment le sauver ? Il est trop tard pour

arrêter la foule. Ils sont prêts à le pendre s'ils le retrouvent !

— Nous devons découvrir qui se cache derrière cette défroque de moine. La situation échappera bientôt à tout contrôle. Il faut trouver qui est ce Princeps.

Élaborer un plan de bataille dans la précipitation n'avait pas été facile. Annalisa et Marco avaient été chargés d'apporter la lettre de change au gonfalonier. Vettori devait veiller sur Boccadoro. La lutte avait été intense, mais Guicciardini avait fini par s'incliner devant les arguments de ses amis.

— Il aurait mieux valu que ce soit moi qui surveille Boccadoro. Je n'ai aucune confiance en Francesco pour ce genre de mission. Tu le connais, il essayera de la séduire en lui faisant son sourire le plus éclatant, puis en jouant avec sa mèche graisseuse. Elle s'énervera, comme elles le font toutes, et on retrouvera Francesco prostré dans un coin de la pièce.

— Tu es jaloux, voilà tout, dit Machiavel en éclatant de rire. Tu as seulement peur que, pour une fois, il réussisse à séduire une fille ! Tranquillise-toi, tu n'as pas grand-chose à craindre, si l'on se fie à ses déboires passés. Tu retrouveras Boccadoro intacte, tu verras.

— Bon, d'accord... Que fait-on, maintenant ?

— Allons prévenir Savonarole. Il a peut-être encore le temps de quitter la ville avant que le monastère ne soit attaqué.

— J'en doute. Les voilà déjà.

Au bout de la rue, une centaine de personnes s'avançaient en direction de San Marco. Les cris de haine et les armes avaient remplacé les cantiques et les cierges des processions précédentes. Les pèlerins d'autrefois s'étaient mués en guerriers surexcités.

Juste avant d'arriver au monastère, le groupe s'arrêta devant une maison anonyme et entreprit d'en forcer l'entrée. De l'une des fenêtres du second étage, une silhouette observait la meute qui s'agitait devant la porte.

— Regarde là-haut, Ciccio ! Tu le reconnais ?

— Valori ! Il est resté chez lui. Il pensait sans doute y être plus en sécurité qu'en compagnie de Savonarole.

— Il ne pourra pas leur résister longtemps. Ils vont le massacrer !

Une voix autoritaire s'éleva soudain depuis l'extrémité de la ruelle.

— Arrêtez ! Êtes-vous donc tous devenus fous ?

L'excitation retomba d'un coup. Bernardo Rucellai s'avança, appuyé sur le bras d'Antonio Malegonnelle.

— Qu'allez-vous faire ? Pénétrer de force chez cet homme et l'assassiner comme un chien ?

— Il le mérite ! Il a aidé le moine à commettre ses crimes !

— Devons-nous devenir à notre tour des bêtes pour venir à bout des loups qui ont envahi la ville ? S'il est coupable de ce dont vous l'accusez, il doit être jugé par un tribunal digne de ce nom.

Le respect qui entourait le vieux politicien produisit son effet. Les émeutiers l'écoutaient dans un silence religieux. Quelques-uns s'éloignèrent à pas lents. Parfaitement immobile derrière sa fenêtre, l'ombre de Tommaso Valori contemplait la débandade annoncée.

— Votre colère est légitime, mais n'oubliez pas que la justice est le fondement de notre cité.

L'orage semblait avoir passé aussi vite qu'il avait éclaté. Il ne resta bientôt plus devant la maison qu'un petit attroupement, au centre duquel se tenait toujours Rucellai.

Habitués aux volte-face de leurs concitoyens, Machiavel et Guicciardini s'apprêtaient à quitter les lieux, lorsqu'un sifflement retentit à leurs oreilles Sans qu'ils l'aient vue passer, une flèche avait traversé le cou de Rucellai, pour finir sa course contre le mur opposé. Le vieillard poussa un hurlement avant de s'écrouler, au milieu d'une mare de sang.

Une exclamation de stupeur monta du petit groupe, tandis que ceux qui s'étaient éloignés revenaient sur le lieu du drame. Chacun cherchait des yeux l'endroit d'où était parti le trait. Un bras désigna la fenêtre derrière laquelle se tenait la silhouette de Valori. L'un des carreaux était brisé.

— Pourquoi a-t-il fait ça ? s'écria Guicciardini. Quel besoin avait-il de les provoquer ? Ils étaient sur le point de partir !

— C'est incompréhensible... Ils sont furieux maintenant.

Déjà, quinze épaules pesaient sur la porte d'entrée, sans que Valori esquisse le moindre mouvement. Un immense cri de victoire salua l'arrachement de la serrure. D'un même mouvement, dix, puis vingt corps s'engouffrèrent par l'ouverture.

Sans réfléchir, Machiavel s'élança à la suite des assaillants.

— Niccolò, où vas-tu ?

— On ne peut pas rester là sans rien faire. Il est peut-être encore possible de sauver Valori ! S'il meurt, Savonarole périra aussi !

Guicciardini hésita, puis rejoignit son ami. Serrés l'un contre l'autre, ils se frayèrent un chemin jusqu'au second étage. Les assaillants avaient brisé tout ce qui pouvait l'être. Seule une porte résistait encore, derrière laquelle se trouvait le disciple de Savonarole. De cette mince épaisseur de bois dépendait la vie d'un homme, et peut-être même le destin d'une ville.

Un boucher s'avança, une hache à la main.

— Il faut l'abattre, reculez-vous !

Avec une force décuplée par la colère, il s'acharna jusqu'à ce qu'il ne reste plus que des débris éparpillés sur le sol. Les traits marqués par l'effort, il se déporta aussitôt sur le côté et fit signe à Machiavel d'entrer. Derrière eux, Guicciardini faisait de son mieux pour bloquer les autres assaillants.

Assis sur une chaise au large dossier, l'adjoint de Savonarole leur tournait le dos. Il n'avait toujours pas esquissé le moindre geste.

— Vous devriez vous rendre, dit Machiavel. Nous vous remettrons entre les mains du gonfalonier. Vous serez en sûreté là-bas.

Valori ne répondit pas. Il semblait fixer un point à travers la fenêtre. Il devait être mort depuis longtemps, car le sang était déjà sec dans ses orbites vides. Passée autour de son cou, une corde courait le long de sa poitrine et serpentait sur le sol jusqu'au carreau brisé.

Machiavel n'eut pas le temps de réagir. La corde se tendit brutalement et le corps traversa la fenêtre en faisant jaillir une gerbe de verre.

Une joyeuse clameur monta de la foule. Personne ne douta un seul instant que Machiavel n'ait été l'auteur de cette mise à mort spectaculaire. Les événements s'étaient enchaînés si vite qu'il avait été le seul à se rendre compte de la machination.

Le boucher pénétra à son tour dans la pièce. Il souleva

Machiavel par la taille et le porta en triomphe devant la fenêtre.

— Mes amis, voici celui qui nous a débarrassés de cet ennemi du peuple ! Acclamez-le comme il le mérite !

Abasourdi par tant de bêtise, Machiavel ne put s'empêcher de songer aux spectacles de gladiateurs qui faisaient la joie des citoyens romains. Dans l'arène, il ne suffisait pas de tuer pour gagner les faveurs de la foule. Les boyaux devaient souiller le sable et la cervelle se répandre sur les premiers rangs, sans quoi la catharsis ne pouvait opérer totalement.

Les assassins de Valori appliquaient des préceptes vieux comme le monde. Ils misaient sur la capacité de la plèbe à reproduire les mêmes comportements, siècle après siècle. C'était cela qui les rendait si dangereux.

Dans la ruelle, la populace s'était déjà désintéressée du cadavre. Loin d'être repue, elle réclamait une nouvelle victime. Le monastère de San Marco lui en fournirait une de choix.

Machiavel se retourna. À présent, il était seul dans la pièce. Guicciardini se tenait toujours en travers de la porte, mais sa masse imposante ne faisait plus barrage à personne.

— Que s'est-il passé, Niccolò ? Je n'ai rien vu d'ici. Tu l'as vraiment fait passer par la fenêtre ?

Son ami s'assit sur le bord de la chaise en prenant soin de ne pas toucher au dossier maculé de sang. Il se sentait fiévreux et se passa la main sur le visage.

— Bien sûr que non. Valori était mort depuis longtemps. Ils l'ont fait tomber depuis le toit, avec une corde. Ils nous attendaient.

— Mais qui a tiré la flèche alors ?

— Le nain, sans doute. Il n'a eu aucun mal à ajuster

Rucellai de là-haut. Son acolyte a dû s'occuper de la corde.

— Dépêchons-nous, ils sont peut-être encore sur le toit !

— J'en doute, ils ont dû fuir depuis longtemps. Et puis je n'ai aucune envie de me faire égorger comme un porc. Allons plutôt voir ce qui se passe au monastère.

Les deux garçons sortirent lentement. Rucellai gisait toujours au milieu de la ruelle, abandonné de tous. Machiavel jeta un ultime regard à la dépouille de Valori qui se balançait au-dessus de sa tête. Nul n'oserait la décrocher avant quelques jours. D'ici là, les corbeaux et les vers auraient déjà bien avancé leur travail de destruction. Frissonnant à cette sinistre pensée, il indiqua à Guicciardini la direction du bâtiment où s'étaient retranchés Savonarole et les siens.

La place sur laquelle donnait le monastère portait les traces des violents combats qui s'y étaient déroulés. De larges flaques de sang maculaient la terre. Les portes du lieu saint étaient grandes ouvertes.

Les deux jeunes gens se précipitèrent à l'intérieur. Les rares meubles des moines, rassemblés au centre du jardin, se consumaient déjà. Aucune des statues du cloître n'avait été épargnée par la furie dévastatrice du peuple. Les fresques de Fra Angelico avaient elles aussi été victimes de ce déferlement de violence. Avec tristesse, Machiavel passa sa main sur ce qui avait été une sublime *Déposition* et n'était plus qu'une vague esquisse à demi effacée.

Le visage recouvert de sa capuche ensanglantée, un moine était appuyé sur le fût d'une colonne.

— Savonarole ? demanda Guicciardini.

Machiavel se pencha sur le mort et rabattit sa capuche vers l'arrière.

— Non, ce n'est pas lui. Ils ont dû l'emmener avec les autres moines.

— Où les ont-ils conduits selon toi ?

— Ils veulent conserver une apparence de légalité, je pense. Ils les ont sans doute jetés dans les geôles du Bargello, le temps d'organiser un procès sommaire.

— Que pouvons-nous faire, alors ?

— Rien, Ciccio... Nous avons échoué. J'espère qu'Annalisa et Marco ont eu plus de chance que nous.

— J'ai bien peur qu'il ne vous faille revoir vos projets, mes amis !

La voix nasillarde du nain s'était élevée du premier étage du cloître. Tranquillement assis sur le rebord du toit, il contemplait le délicieux spectacle des deux visages décomposés qui lui faisaient face.

— As-tu apprécié ma petite mise en scène de tout à l'heure ? demanda-t-il à Machiavel. Tu en as mis du temps pour comprendre !

Ce dernier ne répondit pas, se contentant de serrer les poings.

— J'ai semé sur mon passage plus de cadavres que quiconque sur cette terre, poursuivit-il. Tu ne croyais tout de même pas qu'un minable secrétaire de ton espèce allait pouvoir m'arrêter ?

— Que voulez-vous ? Pourquoi nous harcelez-vous ?

— C'est vous qui n'arrêtez pas de m'importuner ! Je ne peux pas faire un pas sans vous retrouver pendus à mes basques.

Guicciardini tendit un doigt menaçant en direction du nain :

— Descends un peu et nous allons régler nos comptes une bonne fois pour toutes ! Je t'attends, viens...

— Cesse ces enfantillages, mon garçon ! Bien sûr, je

suis curieux de savoir de combien de pouces ma lame peut s'enfoncer dans ton lard, mais j'ai mieux à faire pour l'instant. Ne t'inquiète pas, nous aurons d'autres occasions de nous amuser ensemble.

— Tu n'es vraiment qu'un lâche !

Imperturbable, le nain fit un geste agacé de la main, comme pour chasser un moucheron. Puis il déboutonna son pourpoint et sortit de la poche intérieure une feuille de papier pliée en quatre.

— Reconnaissez-vous cela ?

— La lettre de change..., murmura Machiavel, livide. Comment l'as-tu obtenue ? Qu'as-tu fait d'Annalisa et de Marco ?

— Ah ! La charmante jeune fille et son petit chiot de compagnie ? Rassure-toi, ils sont vivants. Enfin, pour le moment du moins...

— Où sont-ils ? Réponds !

Fou de rage, Guicciardini avait empoigné un poignard qui traînait sur le sol, mais il fut rappelé à l'ordre :

— Allons, calme-toi ! La vie de tes amis ne tient qu'à un fil, alors jette cette arme ridicule et assieds-toi au pied de cette colonne.

Guicciardini obtempéra, aussitôt rejoint par Machiavel.

— Vous allez m'écouter très attentivement. La fille et le petit n'ont pas eu le temps d'arriver jusque chez Soderini. Nous avons la lettre, mais il nous manque encore la preuve la plus importante...

— Boccadoro, je suppose ? interrogea Machiavel.

— Tu as l'esprit plus vif que les réflexes, mon garçon. Cela ne suffira malheureusement pas à te sauver si nos routes venaient de nouveau à se croiser.

— Que voulez-vous exactement ?

— Un échange : nos deux otages contre Boccadoro.

Vous avez une journée pour y réfléchir. Après, je me ferai une joie de m'occuper d'eux moi-même. Je ne sais pas encore si je commencerai par le joli minois de la donzelle ou par les doigts du morveux. Mon imagination est débordante, vous savez !

— Où se fera l'échange ?

— Venez demain, à la même heure, dans la cathédrale. Mon maître vous y rejoindra. Soyez à l'heure surtout, et n'oubliez pas la fille !

— Attendez...

Machiavel n'eut pas le temps d'achever sa phrase. Le nain avait déjà disparu sur les toits.

— Nous nous sommes bien fait rouler..., soupira Guicciardini. Il faut rentrer maintenant. Je me demande comment nous allons pouvoir annoncer ça à Ficino.

Marsilio Ficino reçut la nouvelle de l'enlèvement de sa nièce comme un coup de poignard en plein cœur. Aussi pâle qu'un linge, il se contenta de murmurer quelques mots d'une voix presque étouffée :

— Mon Dieu, non... Pas Annalisa, ce n'est pas possible !

Il porta la main à sa poitrine, tournoya sur lui-même et s'écroula sans même un gémissement. Machiavel se précipita sur le corps inerte, puis hurla à Vettori d'aller chercher Corbinelli. Guicciardini l'aida à porter le vieil homme jusqu'à son lit.

Une demi-heure plus tard, à bout de souffle, le médecin pénétra dans la chambre. Il examina le vieillard durant de longues minutes avant de remonter le drap sur sa poitrine. Machiavel le suivit hors de la pièce.

— Alors, Girolamo, qu'en penses-tu ?

— J'ai fait tout ce que j'ai pu, mais son cœur a reçu un choc trop important. Espérons qu'il s'en tire, mais je doute même qu'il reprenne conscience.

— Que peut-on faire ?

— Rien, à part attendre... Et prier, si tu crois encore en Dieu après tout ce que nous avons vécu ces derniers jours. Si tu me disais ce qui l'a mis dans cet état, Niccolò ?

En quelques mots, le jeune homme lui rapporta le plus fidèlement qu'il put les propos du nain. Pour la première fois, il vit Corbinelli perdre son calme. Du revers de la main, le médecin balaya les livres entassés sur la table face à lui.

— Que le diable les emporte, ces enfants de putain ! On ne va pas se laisser faire comme ça !

— Ne nous affolons pas, dit Deogratias en se penchant pour ramasser les livres. Nous devons réfléchir posément.

Le serviteur aligna avec soin les précieux manuscrits et tendit une chaise à son maître. Corbinelli s'assit, sans que sa colère s'apaise pour autant. Il se redressa presque aussitôt et se mit à déambuler dans la pièce.

— Quelle audace incroyable, tout de même ! En plus, ils viennent nous narguer ! Quand je mettrai la main sur ces bandits, ils n'auront pas assez de larmes dans le corps pour pleurer toutes les souffrances que je leur infligerai !

— Nous ne sommes malheureusement pas en position de contre-attaquer, souligna Deogratias. Il faut avant tout songer à sauver les enfants.

— Alors nous n'avons pas le choix, conclut Machiavel. Il faut accepter l'échange et leur livrer Boccadoro.

— Ce serait l'envoyer à une mort certaine, Niccolò. Et comment être sûrs qu'ils nous rendront Annalisa et Marco ? Nous risquons de tout perdre.

Corbinelli rejeta lui aussi cette éventualité :

— De toute manière, nous ne pouvons pas attendre demain. Le procès de Savonarole est prévu pour ce soir. Enfin, si on peut appeler ça un procès… Ils sont déjà en train de dresser son bûcher sur la Piazza della Signoria.

— Quoi ! s'exclama Machiavel. Soderini n'a pas attendu que les esprits se calment avant de le juger ?

— J'ai passé tout l'après-midi avec lui, dit le médecin. Malatesta est intervenu juste à temps pour sauver Savonarole durant l'assaut du monastère. S'il n'avait pas été là, à l'heure qu'il est sa tête serait fichée au bout d'une pique. En échange, Soderini a promis à la foule un procès rapide. Il sacrifie le moine pour sauver sa peau.

Machiavel manqua de s'étrangler de rage :

— Comment peut-il croire qu'il va s'en tirer sans dommages ? Il est le prochain sur la liste. J'espère qu'ils ont prévu un bûcher assez grand !

— Ne t'inquiète pas, il le sait parfaitement. Maintenant que Rucellai n'est plus de ce monde, plus personne n'est en en mesure de calmer la foule.

— Et Malegonnelle ? Il était son bras droit, il pourra peut-être intervenir ?

— Il est bien trop lâche pour prendre le moindre risque. Et puis, la populace est désormais incontrôlable. Si nos charmants concitoyens décident de se soulever contre Soderini, ni Malegonnelle ni les hommes de Malatesta ne pourront s'y opposer. Il faudra alors souhaiter pour le gonfalonier qu'il ait un cheval rapide.

— Leur plan a parfaitement fonctionné. Tout est fini…

— Il reste un mince espoir, Niccolò. Si nous parvenons à démasquer ce Princeps, peut-être pourrons-nous convaincre les juges que Savonarole n'y est pour rien. Nous disposons tout au plus d'une vingtaine d'heures, il faut faire vite.

Boccadoro fit soudain irruption dans la pièce.

— Venez vite ! Il s'est réveillé !

Les trois hommes se précipitèrent dans la chambre. Le vieillard entrouvrit les yeux et souleva sa main.

— Niccolò, murmura-t-il faiblement, approche…

— J'arrive, maître, ne vous agitez pas ! Restez tranquille…

— Annalisa… Tu dois la retrouver !

— Je vais essayer, mais nous ne savons pas où les ravisseurs la gardent.

— La nonne… Impruneta…

La voix du vieil homme s'éteignit. Sa poitrine se souleva une dernière fois, puis se figea. Ses yeux ne fixaient plus que le vide.

Machiavel referma les paupières du vieillard. La première image qui lui vint à l'esprit fut celle de son père, le corps lardé de coups de poignard, abandonné comme un chien dans une ruelle de Pise.

Incapable de lutter contre l'émotion, Guicciardini s'assit sur le lit en gémissant. Près de lui, Vettori sanglotait en silence.

Debout face au cadavre, Machiavel songeait aux derniers mots du défunt :

— Qu'a-t-il voulu dire ?

— Comment peux-tu penser à cela maintenant ? lui reprocha Guicciardini. On dirait que sa mort ne te touche pas.

Machiavel le releva brutalement.

— Écoute-moi bien, Ciccio ! Ficino est parti et nous n'y pouvons rien. Il sera toujours temps de le pleurer quand tout sera fini, si nous sommes encore en vie à ce moment-là. Pour l'heure, nous avons des problèmes plus urgents à régler.

— Niccolò a raison, intervint à son tour Vettori en séchant ses larmes avec sa manche. On ne peut pas abandonner Annalisa et Marco. Il a parlé d'une nonne. Ce doit être celle qui a été mutilée par ses frères. Il doit bien rester des traces de cette histoire dans les archives du Palazzo Comunale.

— Je vais tout de suite aller y jeter un coup d'œil. J'en profiterai pour me renseigner sur ce nom, Impruneta. Ficino ne l'a pas prononcé par hasard. C'est probablement celui du couvent. Si c'est le cas, nous irons là-bas cette nuit.

— Et nous ? demanda Guicciardini. On ne va pas rester là à t'attendre les bras croisés !

— Débrouillez-vous pour trouver des armes et des chevaux.

— De combien de chevaux avons-nous besoin ?

— Nous trois, Annalisa et Marco si nous les retrouvons… Cinq en tout.

— Six. Je viens avec vous.

Les trois garçons lurent immédiatement sur le visage de Boccadoro que rien ne pourrait la faire changer d'avis.

17

Le couvent de Santa Maria d'Impruneta se trouvait à quatre milles de Florence. Suffisamment proche pour permettre aux nonnes de se réfugier dans l'enceinte de la cité en cas de danger, il était assez éloigné pour garantir leur tranquillité en toute circonstance.

Peu de gens savaient ce que dissimulaient ses murs épais et ses portes perpétuellement closes. Consacrer sa vie à Dieu signifiait refuser celle des hommes. Une fois franchi le seuil, il n'était plus possible d'en sortir. Quelques cachots creusés sous les entrailles du bâtiment principal venaient rappeler cette évidence aux plus rétives des novices.

Du haut d'une colline située à proximité, Machiavel observait les décombres noyés dans l'obscurité. Comme partout ailleurs, la guerre avait posé sa sinistre empreinte sur le lieu. Il y avait bien longtemps que les rares nonnes survivantes s'étaient enfuies. Le couvent ne celait plus aucun mystère. D'un des plus riches sanctuaires de la chrétienté, il ne restait plus que des ruines envahies par les ronces.

Seule la chapelle était encore debout, sans qu'on sache si cela tenait à quelque grâce divine, au talent d'un architecte d'exception ou simplement aux caprices du hasard. On eût dit l'épave d'un navire éventré par la tempête. Les moignons de poutres calcinées et les murs noircis témoignaient de la violence de l'incendie qui l'avait dévorée.

Machiavel et les siens surveillaient les lieux depuis bientôt trois heures. Rien n'indiquait la moindre présence humaine. Plongés dans l'obscurité, les vestiges paraissaient abandonnés aux chauves-souris affamées qui voletaient à la recherche de quelque insecte à se mettre sous la dent.

Allongé sur le ventre, Guicciardini s'étira en bâillant, les mâchoires grandes ouvertes.

— J'en ai vraiment assez ! Nous sommes là depuis des heures et il ne s'est toujours rien passé. Tu es certain que c'est bien là, Niccolò ?

— J'en suis sûr. J'ai déniché le rapport du capitaine du guet qui a retrouvé la nonne. Elle était toujours vivante quand il l'a ramenée ici.

— Et si Ficino s'était trompé ? Si cette vieille histoire n'avait rien à voir avec les assassinats ?

— Il a vu juste, j'en suis convaincu. Sinon, pourquoi se donneraient-ils la peine d'énucléer leurs victimes ? Ils répètent le châtiment de la religieuse, comme s'ils voulaient la venger. Marco et Annalisa sont là.

— Ce couvent est à l'abandon depuis des années ! répliqua Guicciardini. Où veux-tu qu'ils se cachent ? S'il y avait quelqu'un, nous l'aurions vu depuis longtemps. On a encore le temps de rentrer avant l'aube, on ne va pas rester là toute la nuit !

— Au pire, nous aurons perdu notre temps. Il faut

courir le risque. Je prends la première garde, reposez-vous.

Guicciardini se leva péniblement et alla s'allonger contre le tronc d'un chêne. Il détestait dormir à la belle étoile presque autant que de rester sobre. Pourtant, une minute plus tard, ses ronflements venaient rompre la quiétude du soir.

Lui aussi en quête d'une place confortable, Vettori aperçut Boccadoro un peu plus loin. Assise en retrait du groupe, les bras repliés sur ses genoux, elle frissonnait de froid. Il vint s'asseoir à côté d'elle et l'enveloppa dans sa couverture. Elle ouvrit les yeux et lui sourit tristement.

— Merci, c'est très gentil.

— Je t'ai dit que je prendrai soin de toi. À quoi penses-tu ?

— À mon pays, à ma famille là-bas, au-delà des mers. Je me demande si je les reverrai ou si mon destin s'arrêtera demain. Vont-ils me tuer, Francesco ?

— Pourquoi dis-tu ça ? Nous ne te livrerons pas.

— Mais Annalisa et Marco ? Je ne veux pas qu'il leur arrive la même chose qu'à Trevi et à Chiara. Je viens juste d'entrer dans vos vies et je n'y ai apporté que la mort et le malheur...

— Tu n'es pas responsable. Tu nous as mis au contraire sur la piste du moine. Si nous nous en sortons, c'est à toi que nous le devrons.

Vettori passa sa main autour de l'épaule de la jeune femme. Il la fixa intensément et constata qu'elle ne cherchait pas à fuir son regard. Ce qui se produisit ensuite échappa à toute logique. Comme dans un rêve, il vit la bouche de Boccadoro s'approcher de la sienne, sentit sa langue glisser entre ses lèvres.

La prostituée le repoussa doucement et l'allongea sur l'herbe. Ses doigts frôlèrent sa joue, longèrent son cou et s'attardèrent sur le torse du jeune homme. Vettori sentit la chaleur de la jeune femme l'envahir d'un coup lorsqu'elle s'étendit sur lui.

Perdant toute perception du monde extérieur, il s'abandonna entièrement au flot des multiples sensations qui l'envahissaient. Quand il ne put plus retenir son plaisir, il serra les dents pour ne pas hurler. Au-dessus de lui, Boccadoro gémit faiblement à son tour, puis son corps se relâcha peu à peu.

— Debout, Francesco ! Vite !

Vettori se réveilla d'un coup. Ce n'était pas la main fine et délicate de Boccadoro qui lui secouait l'épaule, mais celle de Guicciardini. Il chercha à tâtons sa maîtresse, sans la trouver à ses côtés. Il préféra taire son aventure nocturne, conscient que son ami ne le croirait sans doute pas.

Le jour ne s'était pas encore tout à fait levé. Vettori s'assit en grelottant.

— Allez, dépêche-toi ! chuchota à nouveau Guicciardini. Et ne perds pas de temps à te recoiffer !

— Quoi ? Que se passe-t-il ?

— Il y a de l'animation en bas, viens vite !

Guicciardini fit mine de s'éloigner, mais se retourna après quelques pas seulement.

— Dis donc, tu n'es pas frileux ! On n'a pas idée de dormir nu en cette saison !

Vettori fit une moue dédaigneuse, ramassa les vêtements éparpillés autour de lui, puis rejoignit les autres en courant. Allongés à l'abri d'un buisson, ils observaient la chapelle du couvent.

— Qu'y a-t-il ? demanda Vettori. Je ne vois rien.

— Tais-toi et ouvre les yeux.

Vettori scruta la semi-obscurité. Deux formes se mouvaient devant le bâtiment. Un hennissement s'éleva dans le silence du matin.

— Des chevaux ! Ils n'étaient pas là hier soir. Qui les a amenés ?

— Le nain. Il est arrivé il y a un quart d'heure.

— Mais où est-il passé ?

— Il a disparu sous l'autel de la chapelle. Il doit y avoir un passage.

Gagné par une soudaine bouffée d'héroïsme, Vettori commença à s'agiter.

— Qu'est-ce qu'on attend ? Si Annalisa et Marco sont là-bas, il faut aller les chercher tout de suite !

— Reste calme, Francesco. Le nain est venu avec deux chevaux. Il n'est pas seul à l'intérieur. Attendons encore un peu, ils vont bien finir par se découvrir.

La prédiction de Machiavel se réalisa plus vite encore qu'il ne l'avait imaginé. À peine eut-il fini sa phrase que deux silhouettes surgirent de la chapelle.

— Je ne vois pas le nain. Qui sont ces deux-là, alors ?

— Regardez celui de droite ! Quel colosse ! Et moi qui pensais que Deogratias était un exemplaire unique dans toute la Création !

— Allez-vous enfin vous taire ! ordonna Machiavel d'un ton ulcéré. Ils vont finir par vous entendre.

— C'est bon, ne t'énerve pas… Que font-ils à ton avis ?

— Ils détachent les chevaux. Ils ont l'air de vouloir s'en aller. Vous distinguez le deuxième ?

— Pas très bien, il fait encore trop sombre.

À cet instant, un mince rayon de soleil monta lentement de la ligne d'horizon et vint frapper la façade de la chapelle. Boccadoro et les trois garçons poussèrent en chœur une exclamation de surprise lorsqu'ils reconnurent la robe blanche et noire des dominicains.

— Le moine ! Il est là, devant nous ! Il faut l'arrêter, allons-y !

— Tu as vraiment envie de mourir aujourd'hui, Francesco ! tenta de le raisonner Guicciardini. Ils ont laissé les otages. Ces bandits n'ont jamais eu l'intention de les libérer.

— Les voilà partis. Prenez vos armes.

Guicciardini tira deux dagues de sa ceinture. Il en tendit une à Machiavel et offrit l'autre à Boccadoro, qui la refusa d'un signe de tête.

— Pourquoi n'en veux-tu pas ? Tu en auras peut-être besoin.

— Non, je préfère ça, dit-elle en tirant de sa robe le couteau qui ne la quittait jamais.

— Allons-y ! ordonna Machiavel. Et en silence !

Attentifs à ne pas faire d'autre bruit que celui produit par le frôlement de leurs chaussures sur le sol, ils descendirent prudemment jusqu'au seuil de la chapelle.

— Que fait-on maintenant ? chuchota Guicciardini.

— J'y vais seul, dit Machiavel. Vous me rejoindrez si tout va bien.

Il disparut dans le bâtiment et réapparut une minute plus tard.

— La voie est libre, articula-t-il à voix basse. L'autel est ouvert sur l'arrière. Je vais descendre avec Ciccio. Francesco, il vaut mieux que tu restes ici avec Boccadoro.

— Les vies d'Annalisa et Marco sont en danger par ma

faute, murmura la jeune femme. Il est hors de question que je vous attende dehors.

— Quelqu'un doit surveiller la sortie du souterrain. Le nain ne doit surtout pas nous échapper.

La mine fermée, Boccadoro fit disparaître le couteau dans un repli de sa robe.

— Puisque tout le monde semble d'accord… À vous l'honneur, messieurs.

Machiavel s'engagea le premier dans l'escalier obscur. Derrière lui, le souffle court, Guicciardini faisait de son mieux pour garder l'équilibre. Ils atteignirent un long corridor éclairé par des flambeaux. Après de longues minutes de cheminement, ils pénétrèrent dans une petite pièce voûtée.

Au centre, une grande table occupait presque tout l'espace. Le bois luisait sous la lumière des torches comme s'il avait été recouvert d'un vernis sombre. De larges bracelets d'acier étaient fixés aux quatre coins. Posés à même le sol, divers instruments pointaient leurs griffes menaçantes vers les intrus.

— La salle de torture…

— Pas étonnant que personne ne vienne les déranger ! Reste à savoir si…

— Chut !

Machiavel posa sa main sur les lèvres de son ami. Un bruit de pas s'éleva des entrailles du souterrain. Les deux garçons cherchèrent désespérément un endroit où se cacher.

Sans réfléchir, Machiavel ouvrit une porte et s'y engouffra.

— Les pas viennent de l'autre côté. Suis-moi !

Guicciardini eut à peine le temps de se réfugier dans le petit réduit que, déjà, le nain entrait dans la pièce. L'air circonspect, il décrocha une torche du mur et s'éloigna en direction de la sortie.

Guicciardini aspira avidement de profondes bouffées d'air.

— J'ai cru mourir ! Jamais je n'ai retenu mon souffle aussi longtemps. Comment prévenir Francesco que le nain vient vers lui ?

— C'est impossible. Essayons plutôt de retrouver Annalisa et Marco.

— Ils ne sont pas ici en tout cas.

Machiavel se retourna. La pièce dans laquelle ils s'étaient réfugiés servait de garde-manger. Des jambons et des saucissons pendaient de toutes parts. Dans un coin étaient alignées avec soin plusieurs dizaines de bouteilles de vin.

— Vin et jambon… tout ce que j'aime ! Je pourrais soutenir un siège ici, s'il le fallait.

Guicciardini abandonna à regret les victuailles et suivit son ami dans l'unique partie du souterrain encore inexplorée. Ils se trouvaient dans un nouveau couloir, beaucoup plus large que le précédent. De chaque côté, des cachots étaient creusés dans la roche.

— Tu as vu, Niccolò ? Toutes les portes sont entrebâillées, sauf celle-là.

La clé se trouvait sur la serrure. Machiavel fit lentement jouer le mécanisme et poussa la porte.

— Niccolò !

Annalisa se jeta dans ses bras.

— Je ne voudrais pas écourter ces retrouvailles, souligna Machiavel, mais je suggère néanmoins que nous partions d'ici très vite.

— Tu n'oublies pas un petit détail, Niccolò ?

— Le nain ?

— Il n'y a qu'une seule issue. Nous allons nous jeter sur lui.

— Nous n'avons guère le choix.

Machiavel empoigna une torche et se dirigea vers la sortie. Lorsque Guicciardini passa à son tour devant le dernier cachot, un cri strident jaillit des ténèbres, tandis qu'une figure grimaçante se jetait sur lui. La lame d'une dague étincela à la lumière des flambeaux.

Malgré son embonpoint, le jeune homme esquiva le coup avec agilité et se plaqua contre le mur. Emporté par son élan, l'agresseur trébucha et s'effondra à ses pieds. Guicciardini l'attrapa par le col et le projeta violemment contre la paroi.

— Espèce de bâtard ! hurla-t-il en lui soulevant la tête. Que diable…

Il s'interrompit, car ce qu'il avait devant lui n'avait plus rien d'humain. Deux orifices vides, dénués de toute expression, le fixaient. Une longue balafre partait du coin de sa bouche et remontait jusqu'à la naissance de ses oreilles.

Elle gémit faiblement. Il n'y avait plus trace de sa langue.

— La nonne !

— Lâche-la, Ciccio. Elle n'est pas dangereuse.

— Que va-t-on en faire ?

— Emmenons-la. C'est la preuve que nous cherchions. Il faut la conduire à Soderini. Annalisa lui fera une place sur son cheval.

Au rythme hésitant de l'aveugle, le petit cortège s'engagea dans le corridor qui menait à la sortie. Alerté par le tapage, le nain accourut jusqu'à eux.

Guicciardini brandit son épée et la fit tournoyer devant lui.

— Comme on se retrouve ! Tu sembles moins sûr de toi, maintenant !

Guère impressionné par les gesticulations de son adversaire, le nabot fit une brève analyse de la situation. À quatre contre un, il n'avait pas l'ombre d'une chance, même face à des combattants aussi médiocres que ceux-là. Il marqua un temps d'hésitation, puis jeta sa torche à terre et s'élança en direction de la sortie. Guicciardini voulut le poursuivre, mais Machiavel l'en dissuada aussitôt :

— Non, Ciccio, n'y va pas ! Il aura tôt fait de te surprendre dans le noir. Francesco l'arrêtera en haut.

Sans se douter de ce qui l'attendait dehors, le nain déboula à toute allure du souterrain. Boccadoro poussa un cri de surprise en le voyant surgir de sous l'autel. Ébloui par la lumière du jour, il mit quelques secondes à la reconnaître.

— Nous avons remué tous les bas-fonds de la ville pour te retrouver et te voilà devant moi. Quel heureux hasard !

Il fit un pas en direction de la prostituée. Vettori s'interposa, l'épée en avant.

— Ce n'est pas une manière très galante de parler à une femme. Peut-être serait-il plus convenable que nous ayons une petite discussion tous les deux.

— Comme tu voudras, dit le nain en tirant une dague de sa ceinture. Après tout, peu importe dans quel ordre je m'occupe de vous.

Il esquissa soudain un sourire féroce.

— Attends un peu ! Je te reconnais : c'est toi qui m'as

pissé dessus l'autre soir. Il est grand temps de me donner réparation, mon garçon.

Oubliant provisoirement Boccadoro, il se précipita sur lui. Contraint de reculer sous la rafale de coups, Vettori comprit le danger qui le menaçait s'il ne parvenait pas à contrer cet assaut furieux. Encore deux pas et il se retrouverait acculé contre le mur de la chapelle. Il profita d'une estocade mal assurée pour se dégager et se jeta à son tour sur son adversaire, la lame dirigée droit sur son front.

À l'instant où il allait être touché, le nain fit un pas de côté. Emporté par son élan, Vettori le dépassa, le flanc découvert. La dague s'enfonça dans son bas-ventre.

Surpris par la rapidité du coup, le jeune homme poussa un cri de douleur et s'effondra. Une large auréole rougeâtre maculait le bas de sa chemise. Au prix d'un terrible effort, il parvint à se relever en grimaçant de douleur. Il tenta de se remettre en garde, mais dut s'appuyer sur son épée pour ne pas s'écrouler à nouveau.

D'un pas lent, le tueur s'avança vers lui, prêt à l'achever. Il fit glisser l'extrémité de son index sur la lame de son arme et contempla sa victime avec suffisance.

— Tu n'aurais pas dû t'en mêler. Je n'ai encore jamais perdu de duel.

— Il faut un début à tout, rétorqua Vettori, le visage contracté. Approche, tu vas voir !

— Comment vas-tu te défendre ? À coups d'imprécations ?

Tout en riant, le nain se prépara à frapper. Son sourire victorieux se transforma soudain en un rictus de stupeur. Il lâcha sa dague, qui tomba sur le sol dans un bruit sourd. Une gouttelette de sang s'échappa du coin de sa bouche, puis le liquide se mit à couler en un mince filet le long de son menton.

L'espace d'un instant, il se demanda pourquoi son corps ne lui répondait plus. Il ne ressentait rien et, cependant, toute son énergie s'était évanouie.

Une incroyable douleur lui vrilla brutalement l'omoplate et il tomba à genoux aux pieds de Vettori. Le soleil devint de plus en plus aveuglant, jusqu'à n'être plus qu'une boule de lumière.

Il comprit qu'il était en train de mourir et songea à toutes ses victimes. Avaient-elles ressenti le même calme profond durant leurs derniers instants ? Il ne finirait pas ses jours dans un monastère à boire de l'alcool, entouré de femmes magnifiques, comme il se l'était promis.

Au fond, il se sentit soulagé. Cette fin-là ne lui aurait pas convenu.

Boccadoro se pencha sur le cadavre, empoigna le manche de son couteau, le retira d'un coup sec. Elle se précipita vers Vettori et l'aida à s'allonger sur le sol.

— Comment te sens-tu ?

— Pas très bien.

— Laisse-moi voir.

Elle souleva doucement le pan de sa chemise.

— C'est grave ?

— Pas trop, non. La lame a glissé et t'a juste arraché un peu de gras. Tu en seras quitte pour une belle cicatrice.

— Tu essaies de me cacher que je vais mourir, n'est-ce pas ?

— Mais non, imbécile ! dit la jeune femme en éclatant de rire. Si c'était vraiment le cas, je serais en train de pleurer.

Vettori parut ressusciter.

— Dois-je comprendre que tu tiens à moi ?

— À toi de le deviner..., dit-elle en se penchant sur lui.

— Oh, pute borgne, c'est impossible ! Dites-moi que je rêve !

Guicciardini n'en revenait pas. Boccadoro était en train d'embrasser son meilleur ami.

— Niccolò, c'est un cauchemar, pas vrai ?

— Je crains que non. Il ne te reste plus qu'à les trucider tous les deux...

— Ce n'est pas l'envie qui m'en manque ! Comment le Seigneur peut-Il permettre des choses aussi répugnantes ?

Tout sourire, Marco lui tapa dans le dos.

— Ton tour viendra aussi, Ciccio. Francesco, elle ne t'a pas encore étouffé, au moins ?

Un peu gêné, Vettori se dégagea de l'étreinte de Boccadoro. Il releva sa chemise, exhibant fièrement sa blessure.

— C'est surtout cela qui me fait souffrir !

Guicciardini s'approcha et contempla la plaie d'un air narquois.

— Tu ne vas quand même pas essayer de nous faire pleurer pour si peu, quand même ! Remarque, quelques pouces plus à gauche et tu perdais ta virilité ! Tu l'as échappé belle !

Boccadoro se jeta dans les bras d'Annalisa, puis désigna la vieille femme :

— Et elle ? Qui est-ce ?

— La clé du mystère. Nous te raconterons en chemin.

— À ce propos, souligna Guicciardini, il serait peut-être temps de rentrer, non ?

— Tu as raison, approuva Machiavel. Francesco, tu peux nous suivre ?

Vettori secoua la tête, les dents serrées.

— Je vous retarderais. Partez devant, Ciccio et toi. Je vais rentrer avec les filles et la nonne.

— C'est plus raisonnable, Niccolò, acheva de le convaincre Annalisa. Mon oncle va bien m'attendre quelques heures de plus !

Machiavel baissa les yeux. Il n'avait pas encore osé annoncer la triste nouvelle à son amie. Il n'eut pas le cœur de lui voler ses ultimes heures d'insouciance.

— C'est d'accord. Nous avons un témoin qui pourra disculper Savonarole. Allons piéger ce moine maintenant. Quand vous arriverez à la maison, tout sera terminé. Ciccio, tu es certain de vouloir venir ?

— Quelle question ? Tu ne crois quand même pas que je vais te laisser t'amuser tout seul ?

18

Tombée tard dans la nuit, la sentence était irrévocable. Au terme d'un procès qui avait duré tout juste trois heures, le tribunal présidé par le cardinal de Saint-Malo avait reconnu Savonarole coupable des meurtres et l'avait condamné à être brûlé vif sur la Piazza della Signoria, au pied du Palazzo Comunale. Comme toujours en pareil cas, la peine était exécutoire dans la journée.

Se sachant condamné, le dominicain n'avait même pas essayé de se défendre. Seul Soderini était intervenu pour protester contre la partialité d'un tel jugement, prononcé par des ecclésiastiques à la solde du pape et du roi de France.

Le cardinal de Saint-Malo attendit que le gonfalonier finisse sa diatribe, puis souleva sa lourde silhouette noyée dans la pourpre.

— Puisque je suis le prélat de plus haut rang, c'est donc à moi de défendre l'honneur de ce tribunal que vous semblez mépriser, Excellence. Je parle en tant que représentant du roi de France, mais également de Sa Sainteté le pape, dont je suis l'un des plus fidèles mandataires.

Savonarole est un religieux, il appartient à ses pairs de le juger pour ses crimes.

D'évidence, il se délectait de l'impuissance mal contenue du gonfalonier. Soucieux de goûter pleinement chaque seconde de ce plaisir, il s'approcha à pas lents du siège où se trouvait ce dernier.

— Il n'y a pas si longtemps, dans cette même salle, je vous ai dit de prendre garde. La roue du destin tourne vite, Excellence, et ici plus qu'ailleurs. Un de vos principaux conseillers se trouve compromis dans cette lamentable histoire. Il ne vous reste plus qu'à démissionner… ou périr.

— Jamais je ne laisserai une crapule comme vous me dicter ce que je dois faire ! Allez au diable !

Le large sourire du prélat en disait long sur sa certitude de vaincre.

— Non, Excellence… De nous deux, vous êtes le plus près d'aller croupir en enfer. Après ce maudit moine, bien entendu !

Comme s'il s'était agi d'une arquebuse prête à faire feu, il pointa un index boudiné vers son adversaire :

— J'ai la mémoire longue, vous savez. Et j'avoue que le pardon est un sentiment tout à fait étranger à ma personnalité. Vous allez tomber, Soderini, et je ferai tout pour que votre chute soit la plus douloureuse possible !

Avant que Soderini ait pu le retenir, Malatesta jaillit de son siège. Le cardinal eut un mouvement de recul. Le mercenaire se contenta de cracher aux pieds du gros prélat.

— Au moins sommes-nous d'accord sur une chose, Éminence : ceux qui chuteront ne se relèveront pas. Souvenez-vous-en !

La cathédrale Santa Maria del Fiore résonnait des chœurs tonitruants des fidèles qui s'époumonaient à toute force, sans doute pour se faire pardonner du Seigneur d'avoir condamné au bûcher l'un des siens.

Assis sur un banc, Machiavel observait la petite *Crucifixion* de Donatello ornant la chaire d'où Savonarole prononçait ses sermons. Les assassins lui avaient donné rendez-vous dans l'antre même du moine déchu. Le symbole était clair : le lieu de son triomphe devait devenir celui de sa perte.

Vibrant d'expressivité, le Christ contemplait une chaire désormais vide. L'espoir que le dominicain puisse à nouveau haranguer la foule du haut de cette tribune était mince, mais Machiavel était bien décidé à ne pas le laisser filer.

Les mots de Corbinelli résonnaient encore dans sa tête :

— C'est notre dernière possibilité de sauver Savonarole, Niccolò. Quel que soit l'individu qui se cache derrière cette défroque de moine, il nous le faut vivant. Tu m'as bien compris ?

Machiavel avait acquiescé, puis le médecin avait repris :

— Je serai là, caché dans le confessionnal. Dès que ce bâtard apparaîtra, je lui sauterai dessus.

— Mais pourquoi ne pas faire encercler l'église par les hommes de Malatesta ?

— Il s'en rendrait compte tout de suite. Il faut agir avec la plus grande discrétion si nous voulons le surprendre. Ne t'inquiète pas, j'ai trop de choses à lui faire payer pour le laisser s'échapper !

Même s'il ne le voyait pas, Machiavel percevait sa présence, à quelques mètres à peine. Il pouvait presque sentir les effluves de haine que dégageait son corps.

Caché derrière un gisant de marbre, Deogratias se tenait lui aussi prêt à l'action. Les muscles tendus, le colosse n'attendait qu'un signe de son maître pour intervenir.

Machiavel restait concentré. Devant lui, l'homme qui, depuis une bonne demi-heure, paraissait plongé dans une intense prière redressa la tête. Une lueur de complicité passa dans ses yeux. Guicciardini faisait preuve en la circonstance d'un remarquable talent d'acteur, songea Machiavel. Il se promit de le féliciter pour ce rôle de composition.

Dix nouvelles minutes s'écoulèrent ainsi, dans une insupportable attente. Pour Savonarole, le décompte avait déjà commencé. On allumerait le bûcher aux premiers reflets du crépuscule, dans moins d'une heure, afin que les flammes soient visibles de partout dans la cité. Si les assassins ne se montraient pas très vite, c'était la fin de tout espoir.

Au fond de l'église, la multitude grouillante se mit soudain à ondoyer et s'ouvrit. Machiavel reconnut aussitôt le géant qui l'avait assommé quelques jours plus tôt, lorsqu'il avait découvert le corps de Corsoli cloué contre une porte. Il dégageait une incroyable impression de puissance et de force maîtrisée.

Il s'avança jusqu'au secrétaire, repoussant sans ménagement tous ceux qui se trouvaient sur son chemin. Un pan de robe blanche et noire apparut derrière son large dos. Masqué par sa capuche, le moine s'assit à côté de Machiavel.

— Nous voilà enfin face à face, mon jeune ami ! Quel plaisir de te rencontrer ! Les circonstances ne s'y prêtent guère, mais je dois te féliciter pour ton opiniâtreté. Rares sont ceux à avoir osé me tenir tête ainsi.

— Qui êtes-vous ? lui répondit sèchement Machiavel. Comment dois-je vous appeler ? Princeps, peut-être ? À moins que vous n'ayez un autre surnom ?

— Pour le moment, ce sobriquet doit te suffire. Si je te disais qui je suis, je te volerais le plaisir d'essayer de le comprendre par toi-même. Mais je ne vois pas Boccadoro, où est-elle ?

— J'irai la chercher quand je verrai Annalisa et Marco.

L'homme secoua la tête et approcha ses lèvres de l'oreille du jeune homme. Sa voix baissa d'intensité jusqu'à n'être plus qu'un chuchotement. À la manière d'un serpent, il se préparait à mordre après avoir tenté d'envoûter sa proie.

— Tu te crois malin ? Si cette catin n'est pas devant moi dans les secondes qui viennent, tu peux dire adieu à tes amis !

— Elle ne viendra pas.

— Pourquoi ?

— Parce que vous ne les tuerez pas.

— Tu penses que j'aurai pitié de l'avorton et de la fille ?

— Non, au contraire, je crois que vous n'hésiteriez pas à les assassiner, si vous le pouviez.

Le moine montra quelques signes de trouble. Sa voix perdit de son assurance.

— Comment ça ?

— Nous avons rendu visite à votre comparse, dans ce couvent en ruine. Nous y avons trouvé un témoin. Il s'agit d'une vieille aveugle...

— C'est impossible !

— La comédie est terminée. Vous allez enfin pouvoir nous montrer votre vrai visage.

Machiavel repoussa le capuchon d'un geste brusque.

— Malegonnelle ! L'âme damnée du vieux Rucellai !

L'homme réagit avec promptitude. Il se redressa d'un bond et se précipita au cœur de la foule. Le colosse s'avança vers les deux garçons pour leur bloquer le passage. Jaillissant du confessionnal, Corbinelli lui assena un terrible coup de poing au visage. N'importe qui aurait vacillé sous la violence du choc, mais le géant se contenta de sourire.

Sans effort apparent, il prit son agresseur sous les aisselles et le souleva. Corbinelli n'essaya même pas de lutter lorsque ses pieds perdirent le contact avec le sol. La voûte de l'église se mit à tournoyer au-dessus de sa tête. Il battit l'air des mains, mais ne trouva rien à quoi se retenir et s'écrasa sur un banc, trois ou quatre mètres plus loin. Il se releva péniblement, les reins en feu. Au loin, Malegonnelle et son ange gardien avaient déjà atteint la porte menant au campanile.

Machiavel et Guicciardini se lancèrent à leurs trousses au milieu des fidèles qui encombraient le transept. Rejoints par Deogratias, ils pénétrèrent dans le clocher et prirent l'escalier qui montait en spirale le long des murs. La partie centrale était vide, à l'exception d'une corde, reliée à la seule cloche de la tour. Une mince balustrade de pierre les séparait de l'abîme.

Deogratias désigna un renfoncement dans le mur, quelques mètres plus haut :

— Ils sont là-bas. Malegonnelle s'est engouffré par cette porte.

— Où mène-t-elle ?

— Sur le toit. J'espère que vous ne souffrez pas de vertige.

Guicciardini jeta un rapide coup d'œil au précipice. Ses doigts se crispèrent autour de la rampe. Le corps tremblant, il s'assit sur une marche. De grosses gouttes de sueur coulaient le long de ses joues.

— Je... je ne me sens pas très bien.

— Ça ne fait rien, arrête-toi. Je continue avec Deogratias. Attends-nous ici.

Piqué au vif, Guicciardini se redressa.

— Tu es fou ! Ce n'est pas un simple fossé qui va me faire renoncer !

Un étage plus haut, ils se figèrent tous les trois. Devant eux se dressait le corps musculeux du protecteur de Malegonnelle, dont l'expression volontaire ne laissait aucun doute quant à sa détermination à protéger la fuite de son maître.

Deogratias repoussa les deux garçons et vint se placer devant eux.

— Laissez-moi faire. Quoi qu'il arrive, vous vous précipiterez vers la porte dès que le passage sera libre.

Sans autre préavis, il se rua sur son adversaire et l'enserra dans ses bras puissants. Dans un silence pesant, les deux hommes s'affrontèrent durant un long moment, puis, toujours enlacés, ils s'écroulèrent sur les marches. Aucun d'eux ne semblait capable de prendre l'avantage, tant les forces paraissaient égales. Au bout de quelques instants d'efforts, ils relâchèrent leur étreinte et se relevèrent en même temps, le souffle court.

Le combat entrait dans sa phase finale. Il ne pouvait se conclure autrement que par la mort de l'un ou l'autre. Le destin avait mis en présence ces deux êtres semblables. L'un d'eux devait succomber, ne fût-ce que pour corriger cette erreur.

Tels des sangliers s'affrontant pour la suprématie au sein de la harde, ils se jetèrent tête baissée l'un contre l'autre. L'impact fut si fort qu'il résonna dans tout le campanile. Lentement, l'étrange animal formé par les deux corps imbriqués se dirigeait vers le précipice. Parvenu contre la rambarde, il vacilla et faillit tomber. Mus par un même instinct de survie, les lutteurs reculèrent ensemble d'un pas.

Les réflexes sans doute émoussés par la fatigue, Deogratias ne comprit pas tout de suite pourquoi le pied de son adversaire, au lieu de retomber sur le sol, était resté suspendu en l'air. Il hurla de douleur lorsque l'os de sa jambe se brisa net sous la violence du coup. Les muscles tétanisés par la souffrance, il ne put empêcher le tueur de l'acculer contre la balustrade.

Dans un geste désespéré, il chercha quelque chose à quoi se retenir. Sa main rencontra la corde de la cloche. Il l'enroula autour du cou de son rival et la serra de toutes les forces qui lui restaient. En une fraction de seconde, les rôles s'inversèrent. Désormais en position de force, Deogratias se redressa d'un violent coup de reins et poussa le serviteur de Malegonnelle dans le vide.

À l'instant où commença sa chute mortelle, celui-ci aperçut l'abîme sous ses pieds. Il n'eut pas le temps de ressentir les effets de la chute que déjà la corde se resserrait autour de sa gorge. Lorsque la tension du chanvre atteignit sa limite, il sentit une force terrible le tirer vers le haut. Le tintement de la cloche couvrit le bruit que firent ses vertèbres en se brisant.

Deogratias s'assit sur une marche. Les lèvres serrées, il fit signe aux deux garçons de poursuivre leur chemin sans lui.

— Je ne peux plus marcher. Rattrapez cet assassin.

— Mais...

— On a perdu assez de temps comme ça ! Dépêchez-vous, bon Dieu !

Sans doute convaincu que son homme de main serait parvenu à retenir ses poursuivants, Antonio Malegonnelle se trouvait encore sur le toit de l'église.

— Le voilà, Niccolò, il est là !

Le cri de Guicciardini l'alerta. Il se débarrassa de son déguisement et se mit à courir. L'extrême densité des bâtiments lui permit de passer sans difficulté d'un toit à l'autre. Talonné par ses poursuivants, il parvint jusqu'au Palazzo Comunale, isolé du reste de la ville par un vide de plus de trois mètres.

Malegonnelle n'hésita pas une seconde et sauta. Il retomba sain et sauf sur l'immense plate-forme puis reprit sa course. Quelques foulées derrière lui, Machiavel prit son élan et atterrit sans dommage de l'autre côté.

— Ne saute pas, Ciccio, c'est trop dangereux ! hurla-t-il à son ami. J'y vais seul.

— N'y songe même pas !

Le visage de Machiavel s'empourpra.

— J'en fais une affaire personnelle. Il a essayé de me tuer plusieurs fois, c'est entre lui et moi maintenant. Cela ne te concerne plus.

— Attends-moi, j'arrive !

Guicciardini recula de quelques pas et s'élança en poussant un hurlement de frayeur. À sa grande surprise, il sentit presque aussitôt sous ses pieds le contact rassurant des tuiles du palais. Tout étonné d'être encore en vie, il tâta précautionneusement chacun de ses os.

Acculé sur une petite terrasse en aplomb de la Piazza della Signoria, le fuyard n'avait aucune échappatoire. Face à lui s'ouvrait un abîme de près de quinze mètres.

— Tu l'as eu, Niccolò, il est fait comme un rat !

Malegonnelle... Pourquoi n'a-t-on pas pensé à lui ? Il est arrivé d'on ne sait où il y a deux ans à peine, les bras chargés d'or !

Dos au vide, Malegonnelle observait les rodomontades de Ciccio sans donner l'impression de s'en soucier.

— D'un autre côté, qui aurait pu se douter qu'un des membres du conseil était un traître ? Tu es vraiment une belle canaille ! C'est fini, cette fois-ci, rends-toi !

— Tu parles trop, mon garçon. Avance !

Guicciardini sentit la pointe d'une dague s'enfoncer entre ses omoplates. Malegonnelle arborait désormais un sourire triomphal.

— J'ai eu peur que vous ne soyez en retard, Éminence.

— Heureusement que j'étais là, imbécile ! Tu as trouvé le moyen de te faire reconnaître et de conduire ces deux-là à notre point de rendez-vous ! Je te félicite !

Malegonnelle baissa la tête comme un enfant pris en faute.

— Je suis désolé... Je ne sais pas comment ils ont fait pour comprendre. D'un côté, même s'ils ne m'avaient pas piégé dans la cathédrale, ils n'auraient pas mis longtemps à m'identifier. D'un autre côté, si vous m'aviez autorisé à les tuer plus tôt, rien de tout cela ne se serait produit.

La colère de Saint-Malo parut se calmer d'un coup.

— Ce n'est pas si grave. Seulement, tu vas devoir quitter la ville. Je ne tiens pas à ce que tout le monde sache que tu travailles pour moi.

— J'ai tout prévu, articula Malegonnelle d'une voix plus assurée. Tout est prêt. Dans une heure, je serai loin.

— Parfait. Tiens-les en respect, je veux profiter du spectacle, maintenant.

Il tendit sa dague à Malegonnelle, qui vint se placer derrière les deux adolescents. Le cardinal s'avança au bord du précipice et désigna du doigt une tache claire, à l'extrémité opposée de la place.

— Regardez, il arrive !

— Qui ça ? demanda Guicciardini.

— L'auteur de tous ces meurtres, bien sûr ! Celui qui doit périr pour que nous retrouvions tous la paix : Savonarole.

— Comment pouvez-vous vous réjouir de sa mort ? insista l'adolescent. C'est Malegonnelle le coupable.

— Lorsqu'un pion devient trop puissant, il faut le bouter hors de l'échiquier. Bientôt, plus personne ne protégera le gonfalonier. Je pourrai enfin l'abattre à mon gré. Dans quelques minutes, le sort de la république sera scellé.

— On dirait que tout cela n'est qu'un simple jeu pour vous !

— Oh non, détrompe-toi ! Je prépare cet instant depuis si longtemps... Visiblement, la traîtrise est un sentiment très peu partagé ici. Il m'a fallu des mois pour trouver deux alliés dans la place.

— Pourquoi deux ? Malegonnelle n'est pas le seul traître ? Qui est le second ?

Saint-Malo lui intima le silence d'un geste autoritaire.

— Silence maintenant ! Le spectacle commence !

Au milieu de la foule, un chariot tentait de rejoindre le bûcher. Debout à l'arrière, les bras liés dans le dos, Savonarole se tenait très droit, la tête haute. Insensible aux injures, il contemplait impassible les visages déformés par la haine qui le cernaient de toutes parts.

Ces visages, il les connaissait pourtant bien. Il les avait vus au cours de ses sermons, buvant ses mots comme autant de paroles sacrées. Il avait partagé leurs moments de bonheur et les avait consolés les jours de peine. Il avait béni leurs enfants et prié pour leurs morts. Tous, il les avait aimés, sans exception.

Il ne ressentait aucune rancœur contre ces hommes et ces femmes. Il n'en voulait à personne, d'ailleurs. Dieu avait voulu qu'il périsse et nul ne pouvait s'opposer à Sa volonté. Savonarole avait accepté depuis longtemps l'idée même de la mort. Le jour où il était monté en chaire pour la première fois, il savait déjà où le conduirait son destin.

Le bourreau le fit descendre du chariot et l'entrava au poteau qui surmontait le bûcher. Sous les acclamations de la foule, il jeta une torche sur l'amas de bois. En quelques secondes, le dominicain disparut derrière un épais rideau de fumée. Sa silhouette sombre s'embrasa presque aussitôt.

Le cardinal de Saint-Malo attendit patiemment qu'il ne reste plus rien du corps de Savonarole, puis fit signe à Malegonnelle de s'approcher. Sans quitter des yeux les deux garçons, celui-ci s'avança jusqu'au rebord du toit.

Le cardinal posa sa main sur l'épaule de son complice.

— Es-tu satisfait ?

— Depuis tout ce temps, il n'y a pas eu un seul instant durant lequel je n'aie pas désiré que cette ville brûle des feux de ma vengeance. Merci de m'avoir permis de réaliser ce rêve, Éminence.

— Ne me remercie pas. Tu as fait l'essentiel, après tout... C'est d'ailleurs ce que tout le monde doit croire. Voilà pourquoi tu ne peux rester en vie.

Malegonnelle comprit trop tard. Le mouvement du prélat fut si rapide qu'il n'eut pas le temps de réagir. Son corps se fracassa quinze mètres plus bas, aux pieds de Soderini.

Saint-Malo se retourna vers Machiavel et désigna Guicciardini.

— Je suppose qu'il n'est au courant de rien, ce nigaud ?

— Bien sûr que non.

— Au courant de quoi ? s'étonna Guicciardini.

— Tu aurais dû te tenir à l'écart, comme je te l'avais conseillé... Cela m'aurait évité d'avoir à agir ainsi.

Machiavel se plaça derrière son ami et lui bloqua les bras. Tandis que Guicciardini, interloqué, tentait de se libérer de son étreinte, le cardinal le frappa au ventre avec sa dague. Le jeune homme contempla un instant le manche de l'arme enfoncée dans son estomac, puis s'affaissa sur le sol, le dos appuyé contre une cheminée.

Il leva les yeux vers son ami.

— Je... Je ne comprends pas...

Machiavel semblait métamorphosé. Une haine longtemps contenue déformait ses traits.

— Ah, Ciccio, mon cher ami Ciccio... Comme toi, j'ai longtemps cru à tous ces idéaux stupides dont on nous a empli l'esprit. L'amitié, la confiance, l'amour... Foutaises ! Ce ne sont que mensonges et illusions !

Machiavel s'accroupit devant son ami et trempa l'extrémité de son index dans la tache de sang qui s'étendait lentement sur sa tunique. Il observa un instant la teinte ocre de son doigt, puis l'essuya sur sa propre manche.

— Tu n'aurais pas dû me suivre. Tu vas mourir à cause de ta stupide obstination. J'ai pourtant essayé de te prévenir. Ce n'est pas ce que je voulais...

Pris d'une subite inspiration, le cardinal se pencha à son tour sur le blessé. Il agrippa le poignard et se mit à le déplacer lentement de droite à gauche.

Guicciardini grimaça de douleur :

— Vous êtes complètement fous !

— Je suis juste curieux. Malegonnelle m'a décrit la

merveilleuse sensation qu'il a éprouvée en torturant Del Garbo. J'avais hâte d'y goûter moi aussi, voilà tout. J'avoue avoir ressenti une certaine excitation quand j'ai planté ma dague dans ta chair flasque, mais rien d'exceptionnel. Je ne suis pas certain de partager le goût du sang de mon regretté collaborateur.

D'un air détaché, il se remit à jouer avec son arme, arrachant de nouveaux gémissements à sa victime.

— Ça suffit ! intervint Machiavel.

À regret, Saint-Malo abandonna son petit jeu.

— Pourquoi as-tu fait ça, Niccolò ? demanda Guicciardini.

Il toussa faiblement. Des larmes de souffrance coulaient le long de ses joues.

— Réponds-moi, enfin ! Pourquoi ?

— Il y a un an environ, j'ai mis la main sur un document très intéressant. Un simple feuillet, en fait, qui traînait par terre dans la salle des archives. Il m'a permis de comprendre la véritable raison de la mort de mes parents.

Saint-Malo s'impatientait :

— Nous perdons trop de temps, achève-le ! Ils ont tous vu Malegonnelle tomber. Ils seront là dans un instant.

— Il a le droit de savoir avant de mourir. C'est la moindre des choses. Et puis, je ne vous ai jamais expliqué ce qui m'a décidé à travailler pour vous.

Il fit une pause et reprit, les yeux perdus dans le vide :

— En réalité, mon père a été envoyé à Pise par les Médicis. Il devait rencontrer un émissaire et lui verser quelques milliers de ducats pour s'assurer du soutien du roi de France. J'ai retrouvé le brouillon de ce traité. Tout y était consigné : les noms, les dates, le lieu du rendez-vous...

— Pourquoi me racontes-tu tout cela ?

— Sois patient, voilà le meilleur... C'est le meilleur ami de mon père qui l'a convaincu d'accepter cette mission. Il lui a même suggéré d'y aller avec femme et enfant pour dissiper tout soupçon. Qui aurait pu croire que cette charmante petite famille portait en elle le destin de la cité ?

— De qui s'agit-il ? Qui était cet ami ?

— L'homme de confiance de Laurent.

— Ficino ? Tu te trompes, Niccolò. Il t'a élevé comme son propre fils.

— Il a envoyé mes parents à la mort. Il savait pourtant que l'envoyé français était une vraie vipère.

— Qui devaient-ils rencontrer ?

— Un prélat de haut rang. Un cardinal...

Machiavel se tourna vers Saint-Malo, dont le visage avait pris une teinte grisâtre.

— Ce cardinal, c'était vous !

— Que racontes-tu ? balbutia Saint-Malo en reculant. Tout cela n'est qu'un tissu de mensonges !

Le cardinal se prit les pieds dans sa robe et s'étala de tout son long. Machiavel ramassa une tuile et s'en servit pour lui fracasser la mâchoire. Délaissant le prélat qui geignait pitoyablement, la bouche en sang, il revint s'asseoir à côté de Guicciardini.

— Cet assassin voulait garder l'argent pour lui. Il a tendu un piège à mes parents. Il a ensuite dit à son maître que les Médicis avaient refusé l'accord. Quand le fils de Laurent a été chassé, le roi de France n'a pas bougé le petit doigt pour le défendre.

— Et tu as monté tout cela pour te venger ?

— Je voulais qu'ils meurent tous les deux, Ficino et Saint-Malo.

— Il t'aurait suffi de les empoisonner. Ce n'était pas la peine de te compliquer à ce point l'existence.

— Leur ôter la vie ne suffisait pas. Ils devaient souffrir autant que moi. Pour Ficino, c'était facile. En mettant en danger son bien le plus précieux, Annalisa, j'étais certain de venir à bout de son cœur. Les choses se sont révélées plus compliquées pour le cardinal, car je ne pouvais pas le tuer moi-même.

— Tu lui as fait croire que tu pouvais l'aider…

— Cet imbécile est venu me demander de lui servir d'espion dans le Palazzo Comunale. Il m'a raconté l'histoire de Malegonnelle. J'ai tout de suite compris comment tirer parti de sa soif de vengeance.

Machiavel se mit à rire en contemplant la mine déconfite du cardinal.

— Depuis le début, il a suivi mes conseils sans jamais se poser de questions ! Tout s'est bien passé jusqu'à ce que cet imbécile de Malegonnelle se fasse voler la lettre de change par Boccadoro. Lorsque j'ai su que Del Garbo l'avait dissimulée quelque part dans la Bibliothèque médicéenne, j'ai dû intervenir pour la récupérer. Sans votre aide, d'ailleurs, je ne l'aurais jamais retrouvée.

— Tu crois vraiment pouvoir t'en tirer aussi facilement ?

— Allons, Ciccio, ne sois pas si naïf ! Il n'y a que dans les contes pour enfants que le méchant est puni à la fin. Demain, la nonne avouera tout à Soderini. Elle ignore mon rôle dans l'affaire. Seul ce gros porc sanguinolent le connaissait.

Des bruits de pas s'approchaient au loin. Guicciardini voulut parler, mais les mots se brisèrent dans sa gorge. Son ultime effort pour se relever fut vain. Un sifflement rauque s'élevait désormais chaque fois que l'air envahissait ses poumons.

— Voilà Malatesta et ses hommes. Je suis désolé, Ciccio. J'aurais préféré que tu ne sautes pas sur ce toit, tout à l'heure, mais je ne peux plus revenir en arrière, pardonne-moi...

Pesant de tout son poids sur la dague, Machiavel l'enfonça jusqu'à la garde dans le ventre du blessé.

Sans une plainte, Guiccardini chercha à tâtons les mains de son assassin et les serra dans les siennes. Un flot de sang jaillit de sa bouche lorsqu'il rendit l'âme.

19

La porte s'ouvrit brutalement. Soderini et Malatesta firent irruption sur la terrasse, escortés par deux soldats.

— Que s'est-il passé ? demanda le gonfalonier.

Machiavel tenait toujours les mains du mort dans les siennes. Des larmes coulaient sur ses joues maculées du sang de son ami.

— Il… il a tué Ciccio ! articula-t-il en désignant Saint-Malo. Et puis il a poussé Malegonnelle. Je n'ai pas pu l'en empêcher. J'ai seulement réussi à l'assommer.

Malatesta observa le corps avachi du cardinal. Replié en position fœtale, le prélat gémissait faiblement. Le mercenaire lui donna un violent coup de pied dans les reins. Saint-Malo réagit à peine.

— Espèce de salaud ! C'est ta faute, tout ça, hein ?

Il empoigna le cardinal par le col de son manteau et le redressa de force. Le prélat tenait à peine debout. Il tendit la main vers Soderini et essaya de se justifier. Sa mâchoire brisée l'en empêcha. Ses grognements furent emportés par le vent. Livide, il s'écroula à nouveau sur le sol.

— Il m'a tout avoué. Malegonnelle travaillait pour lui. Savonarole n'y était pour rien. Ce sont eux les seuls responsables !

Soderini se pencha sur le cadavre et retira la dague du ventre de l'adolescent.

— Tous ces morts, toutes ces horreurs… Était-ce vraiment nécessaire, Éminence ? Y a-t-il une cause qui vaille cela ? Pas celle de Dieu, en tout cas.

Sur un signe du gonfalonier, les gardes disparurent. Le cardinal jeta un regard apeuré autour de lui. Quelques sons maladroits s'échappèrent de sa bouche gonflée :

— Ambassadeur… impunité…

Soderini tendit l'arme à son homme de main.

— Il a raison, son statut le protège. Nous ne pouvons pas le condamner.

— Enfin, Excellence, ce chien mérite cent fois la mort !

— J'en suis bien convaincu, mais il est toujours notre hôte. Il ne nous incombe pas de lui infliger sa juste punition. J'imagine que son maître serait fort mécontent si nous tuions l'un de ses plus loyaux sujets.

Saint-Malo reprit quelques couleurs en entendant les mots du gonfalonier. Il se redressa avec difficulté et remit un peu d'ordre dans ses vêtements. D'un pas chancelant, il se dirigea vers la porte qui menait aux étages inférieurs.

Au moment où il posait la main sur le loquet, Soderini s'interposa :

— J'ai dit que nous ne pouvions pas vous tuer, non que vous deviez vivre.

— Mais…

— J'ai le regret de vous informer que ce traître de Malegonnelle vous a lâchement assassiné, Éminence. Il vous a frappé avec cette dague avant de se suicider. Le plus triste, dans l'histoire, c'est que vous avez survécu assez longtemps pour endurer d'atroces souffrances. C'est bien ce que tu as vu, Niccolò ?

Machiavel hocha la tête. Ses yeux brillaient d'une lueur singulière.

— Et toi, Malatesta, ne le regrettes-tu pas déjà, ce prélat merveilleux qui a illuminé nos vies par son honnêteté et sa piété ?

— Oh oui ! Je l'ai malheureusement trop peu connu. Nous aurions pu si bien nous entendre, lui et moi ! J'ai tellement de peine…

— Nous allons te laisser à ton recueillement. Viens avec moi, Niccolò, Malatesta a besoin d'être un peu seul.

Au moment de s'engager à son tour dans l'escalier, Machiavel se retourna une dernière fois. Il fixa le corps inerte de son ami, puis s'attarda sur celui du prélat qui gisait, prostré, aux pieds du mercenaire. Ses lèvres s'entrouvrirent, comme s'il voulait ajouter quelque chose. Il se contenta de pousser un long soupir et referma la porte.

Lorsqu'il se retrouva seul face à la mort, le cardinal de Saint-Malo poussa un terrible hurlement.

Remerciements

Annalisa m'a offert son prénom. Elle n'aurait pu me faire plus plaisir.

Silvia Genzano a soutenu ce projet depuis le début. Ses remarques m'ont été précieuses.

Valéry et Louis Danty m'ont apporté leur goût très sûr et leurs conseils avisés.

Pour cela (et pour tant d'autres choses encore), je les remercie de tout cœur. Ce roman leur doit beaucoup.

Pour en savoir plus
sur les éditions Belfond
(catalogue complet, auteurs, titres,
extraits de livres),
vous pouvez consulter notre site Internet :

www.belfond.fr

Impression réalisée sur Cameron par Bussière Camedan Imprimeries
à Saint-Amand-Montrond (Cher) en mars 2003 *(deuxième tirage).*
N° d'édition : 3967. N° d'impression : 031067/1.
Dépôt légal : mars 2003. *Imprimé en France*